Como Fazer do Sucesso um Hábito

Outras obras publicadas pela Record

O DÉCIMO SEGUNDO ANJO — Og Mandino
A ESCOLHA CERTA — Og Mandino
A UNIVERSIDADE DO SUCESSO — Og Mandino
AUMENTANDO O SEU POTENCIAL POSITIVO — Norman Vincent Peale
O PODER DO FATOR EXTRA — Norman Vincent Peale
POR QUE ALGUNS PENSADORES POSITIVOS CONSEGUEM RESULTADOS SENSACIONAIS — Norman Vincent Peale
A MÁGICA DE PENSAR GRANDE — Dr. David J. Schwartz
A MÁGICA DO SUCESSO — Dr. David J. Schwartz

MACK R. DOUGLAS

COMO FAZER DO SUCESSO UM HÁBITO

Tradução de
Luzia Machado da Costa

3ª EDIÇÃO

EDITORA RECORD
RIO DE JANEIRO • SÃO PAULO

CIP-Brasil. Catalogação-na-fonte
Sindicato Nacional dos Editores de Livros, RJ.

Douglas, Mack R.
D768c Como fazer do sucesso um hábito / Mack R.
3ª ed. Douglas; tradução de Luzia Machado da Costa. – 3ª ed.
– Rio de Janeiro: Record, 1998.

Tradução de: How to make a habit of succeeding
Publicado anteriormente sob o título: Vencer ou vencer: guia prático para o sucesso permanente

1. Sucesso. 2. Motivação (Psicologia). I. Título.

CDD – 158.1
95-1739 CDU – 159.947

Título original norte-americano
HOW TO MAKE A HABIT OF SUCCEEDING

Impresso no Brasil

ISBN 85-01-01177-0

PEDIDOS PELO REEMBOLSO POSTAL
Caixa Postal 23.052
Rio de Janeiro, RJ – 20922-970

Dedicado a

Aline, Linda, Don, Laura e Elaine, que hoje entendem o porquê daquelas centenas de horas, tarde da noite, no escritório da casa.

Nell Seaver e Eunice Pitcher, por sua perfeição no preparo do texto.

Napoleon Hill, Dale Carnegie e Earl Nightingale, por sua influência sobre mim e este livro.

O Clube de Executivos de Vendas e Marketing de Fort Lauderdale, por seu estímulo.

Walter Dunn e o pessoal da estação WFTL de Fort Lauderdale, Flórida, tanto pelo título deste livro como por ousarem, com Bob Watson e a estação KGNC de Amarillo, Texas, ser pioneiros no meu programa de rádio *Como Fazer do Sucesso um Hábito.*

Prefácio

A natureza evasiva do sucesso não permite que ele seja obtido com facilidade por todos aqueles que perseguem suas recompensas. Mas, quando alcançado, é confortante graças à sua própria natureza, perenemente esquiva.

O sucesso é uma concatenação de imenso esforço, planejamento construtivo, estudos constantes e fatores sobre os quais freqüentemente temos pouco ou nenhum controle. Através dos tempos, o homem vem tentando precisar a combinação adequada desses fatores — para assenhorear-se das vantagens que o sucesso traz consigo. Se acaso um indivíduo fosse capaz de criar essa conjugação extraordinária de fatores, não haveria sucesso possível, exceto para os que não seguissem aquele padrão.

O sucesso não é feito para as massas, mas, ao contrário, para os poucos seletos que diligentemente coordenam e recoordenam uma infindável seqüência de padrões, dando origem a um processo produtivo que apresenta resultados bem-sucedidos, cuja estrutura, contudo, está sempre mudando.

Mack Douglas não tenta lançar a fórmula do sucesso; em vez disso, abre-nos caminhos, dá-nos temas para pensar, modos de agir e esquemas nascidos da experiência, de sorte que possamos, com nossa habilidade limitada, buscar, estruturar e desenvolver o nosso próprio esquema de realizações.

Dessa forma, Mack Douglas nunca poderá reivindicar para

si o mérito pelo sucesso de qualquer pessoa que leia este livro — e ele não o deseja —, mas poderá contribuir concretamente para os ingredientes do seu sucesso. Fortalecendo a sua determinação com o teor desta obra, você poderá alcançar o sucesso na sua mais completa dimensão.

W. HEARTSILL WILSON

Sumário

Seção I

O PODER DA DETERMINAÇÃO

1. A Determinação Dinâmica

A SUA CHAVE para o sucesso pessoal é desenvolver uma determinação dinâmica. A determinação difere das metas, porque é como o pote de ouro no fim do arco-íris: o ideal que buscamos. Logo que chegamos ao pico de uma montanha de determinação, enxergamos outro pico, e à nossa frente há mais um outro. Disraeli disse que "o segredo do sucesso é a perseverança da determinação".

A sua chave para o sucesso pessoal, hoje, é ter uma determinação elevada.

Se não puder ser um pinheiro no cimo do monte
Seja um arbusto no vale, mas seja
O melhor arbustinho na encosta do monte;
Seja um arbusto se não puder ser uma árvore.

Se não puder ser um arbusto, seja uma porção de relva
E alguma estrada faça mais feliz;
Se não puder ser um almíscar, seja uma perca,
Mas seja a perca mais animada do lago.

Não podemos todos ser capitães, temos de ser tripulação,
Há algo para todos nós.
Grandes obras a fazer e as há mais modestas
E o trabalho que devemos fazer é o que está perto.

Se não puder ser uma auto-estrada, então seja uma trilha;
Se não puder ser o Sol, seja uma estrela;

Não é pelo tamanho que se vence ou perde.
Seja o melhor no que quer que seja.

(Douglas Malloch)[1]

Quando Moisés se encontrava na sarça em chamas, Deus lhe disse:

— Não te aproximes daqui: tira as sandálias dos teus pés, pois o lugar em que estás é uma terra santa.

Estimulado pela experiência da sarça em fogo, Moisés não somente libertou 2.000.000 de seus parentes e compatriotas, como também guiou-os através de experiências milagrosas durante 40 anos, para fazer de antigos escravos uma nação de gente devota. Hoje, tanto os cristãos como os judeus proclamam Moisés como um dos maiores homens que a humanidade já conheceu. Ele tinha uma determinação elevada.

A Determinação Presidencial

Há alguns anos, tive o privilégio de entrevistar, durante 45 minutos, o ex-presidente Harry S. Truman. Perguntei-lhe o que era possível fazer para combater a delinqüência juvenil. Sua resposta foi firme, direta e enérgica:

— Procure conhecer os seus avós.

Truman voltou-se para os retratos de seus dois avós na parede atrás de sua mesa e falou de sua arraigada convicção a respeito do que aqueles colonizadores pioneiros representaram em sua vida.

— Eu não poderia trair meus pais e avós, minha tradição de família.

Truman prosseguiu, dizendo que os pais não deveriam fre-

[1] Douglas Malloch, *"Be the Best of Whatever You Are"* (Seja o Melhor no Que Quer Que Seja), de *The Best Loved Poems of the American People* (Os Poemas Mais Amados pelo Povo Americano) (Garden City, N.Y.: Garden City Publishing Company, 1936), pág. 102.

qüentar os bares, deveriam levar seus filhos às aulas de catecismo e à Igreja e dirigi-los para atividades construtivas.

Mais tarde, foi com prazer que levei 80 jovens em visita à biblioteca de Truman em Independence, Missouri, para ouvi-lo fazer uma conferência sobre administração governamental. Aqueles jovens viram, diretamente, excelente exemplo de um homem com uma determinação elevada. Essa é a melhor forma que conheço para livrar o nosso país da delinqüência juvenil. Dê-lhes lealdade de família. Isso pesará muito em suas vidas.

A Determinação Egoísta de Hitler

A determinação elevada, evidentemente, lida com o valor da vida humana, a felicidade de outros, o soerguimento dos oprimidos e o encorajamento dos desanimados. Como nos mostra Earl Nightingale, em um de seus programas de rádio, a respeito do Sexto Exército alemão em Stalingrado, formado por 26 divisões, 300.000 soldados bem treinados e experientes. Eles haviam sido cercados pelos russos em novembro de 1942. Em vez de permitir que fugissem do terrível inverno russo, Hitler exigiu que ficassem e lutassem. Sem suprimentos suficientes, sem munição e apoio adequados e seguramente sem os alimentos e agasalhos necessários, em fevereiro seguinte 200.000 daqueles soldados, isto é, dois terços, tinham sido mortos, feridos ou capturados. Morreram mais de 100.000. Dos 90.000 sobreviventes capturados pelos russos, apenas 6.000 regressaram vivos à Alemanha. Não havia uma determinação nobre nos sonhos de Hitler — apenas uma ambição pessoal egoística, sórdida e doentia.

Como flagrante contraste, atente-se para o que fez o Exército britânico em Dunquerque. Com um sacrifício tremendo, não somente foram oferecidos ao estado-maior britânico todos os navios, barcos e balsas disponíveis, como apresentaram-se voluntários, inclusive mulheres e crianças, para pilotá-los. A travessia do Canal da Mancha foi feita sob permanente ataque aéreo, até que, no dia 3 de junho, três quartos do Exército britânico pudessem ser retirados, em segurança, para a Grã-Bretanha, para voltar à luta. Essa é a diferença. O estado-maior britânico prezava a vida humana.

Ao se estabelecer uma determinação elevada, deve-se precisar uma importante necessidade humana, encontrar a resposta para satisfazê-la e anular todas as possibilidades de voltar atrás, canalizando a resposta até os que dela necessitam.

A Determinação Vem de Dentro

Uma das idéias realmente errôneas de nossos dias é a crença popular de que a felicidade advém de circunstâncias e ambiente exógenos. Não há dúvida de que o nosso temperamento é influenciado por situações exógenas, mas a verdadeira alegria pessoal provém de nossa convicção íntima, determinada pelo caráter, que resulta diretamente da determinação elevada.

O sucesso surge para quem avança constantemente em direção a um propósito meritório. Disse Carlyle:

"Um homem com força de vontade pela metade avança e recua, e não progride no caminho mais suave; um homem com força de vontade íntegra progride no mais árduo, e alcança o seu propósito, se houver pelo menos um pequeno mérito em fazê-lo. Um homem sem determinação é como um navio sem leme — um pária, um nada. Tenha um propósito na vida e dedique-lhe todo o poder mental e físico que lhe tenha dado o Senhor."

A Determinação dos Voluntários da Paz

Na primavera de 1963, testemunhei, no norte da província de Luzon, nas Filipinas, alguns dos mais destacados jovens americanos dedicarem-se a duras tarefas. Eram membros dos Voluntários da Paz, ao todo quase 700 nas Filipinas, vivendo em barracos com teto de sapé, comendo a comida dos filipinos e trabalhando por dois dólares diários. O que os movia?

Era a determinação nobre expressa no discurso de posse do presidente John F. Kennedy:

"Não pergunte o que a sua pátria pode lhe dar, mas o que você pode dar à sua pátria."

O homem com determinação não fica sentado à espera de que a Senhora Fortuna apareça, mas, em vez disso, aproveita todas as oportunidades e as utiliza para o bem dos outros e o seu próprio progresso.

O Caminho da Determinação

Ao viver a magnífica aventura da determinação elevada, você deve planejar com cuidado essa jornada gloriosa. Lembra-se de quando era criança e brincava de faz-de-conta? Não havia autocrítica. Você podia fazer ou ser o que quer que a sua imaginação criasse.

Acredite se quiser: sonhos persistentes se transformam em realidade. Eu o desafio a ser diferente, a deixar para trás a mediocridade, um dos grandes perigos da América, e viajar pela estrada de uma aventura fascinante.

"Veja a si próprio como você deseja ser; saiba que pode chegar aonde aspira e, com o espírito de "hei de", estabeleça a premissa ainda não definida, dê os passos simples necessários para transformar seus planos em realidade." (Ben Sweetland)[2]

Ben Sweetland também sugeriu alguns dos objetivos que você pode ter na vida. Na categoria "Bens Materiais" podem constar: nova casa, boa mobília, novo automóvel, farto guarda-roupa e segurança econômica. Em "Ser Físico" podem estar: melhor saúde, perda ou ganho de peso, melhor memória, concentração, capacidade de descontrair-se, controle do hábito, felicidade e paz de espírito. Em "Sociedade" você pode sonhar

---

[2] Ben Sweetland, *I Will* (Englewood Clifs, N.J.: Prentice-Hall, Inc., 1960), pág. 12.

com: respeito de todos, liderança, trabalho de prestígio, amor e respeito de sua família.

A tais objetivos acrescentaríamos "Metas Espirituais": um relacionamento pessoal com Deus, a segurança de paz interior, ausência de culpa, medo e preocupações, muita autoconfiança, alegria nas cerimônias religiosas a que você assiste, a felicidade de ser um exemplo digno para os filhos, amigos e sócios.

Como vai a sua vida? Você está no caminho da determinação mágica? Então comece imediatamente. Estabeleça uma determinação nobre e elevada. Você pode ser bem-sucedido.

2. Restrições à Determinação

A SUA CHAVE de hoje para o sucesso pessoal é a determinação.

Há duas restrições à determinação: (1) A tendência para mudar de objetivo antes de atingi-lo, e (2) os perigos da ambição descontrolada — objetivo descontrolado e desorientado.

A Mudança de Determinação

Você já viu um vendedor ser extremamente bem-sucedido em uma determinada operação? Quando ele se vê em um nível de renda mais alto, de repente deseja passar para a direção da empresa ou dedicar-se a outros produtos ou passar para um setor de atividades diferente. Durante esse processo, anula ou infringe os princípios e práticas que lhe permitiram alcançar o sucesso. Dessa forma, a determinação tem sua duração abreviada por mudança de planos. A falta de familiaridade com as novas responsabilidades pode, com freqüência, causar o desaparecimento dos próprios princípios que o fizeram bem-sucedido.

Uma cantora pode conseguir o sucesso e ser detentora de um grande recorde em gravações, tornando-se famosa em todo o país. De repente decide ser atriz. Na confusão e frustração emocional que acompanham seu esforço para aprender um novo mister, ela invalida os próprios princípios e práticas que lhe deram o sucesso.

Um amigo meu é perito em eletrônica, um gênio no laboratório, um criador notável. Apareceu-lhe uma oportunidade para fundar a sua própria firma, e ele então reuniu as economias e fundou uma sociedade anônima exatamente no ramo em que tinha sido vitorioso. No entanto, fracassou. Não estava familiarizado com a administração. Não entendia de contabilidade. Não sabia comprar e vender, e sua frustração foi tão grande que ele chegou a pensar em suicídio. Ficou numa situação de impotência, com a sua inteligência presa aos princípios que o tinham levado ao sucesso. Faliu. Agora está de volta à engenharia e à criação, que é o seu campo, mas a experiência marcou-o para toda a vida.

A Determinação e a Ambição Descontrolada

Lembrem-se da terrível história contada por Albert Camus a respeito de um homem que passou 25 anos longe de casa. Casou-se, enriqueceu e decidiu regressar ao lar, para visitar a mãe e a irmã. Chegou, sem avisar, à pequena hospedaria da mãe e irmã. Como elas não o reconheceram, só por brincadeira não lhes revelou quem era. Ao se retirar para dormir, ainda continuou fingindo ser apenas um outro viajante. Naquela noite, a mãe e a irmã roubaram-no, assassinaram-no e jogaram o seu corpo no rio. Há anos elas vinham matando viajantes. Para elas, ele não era diferente de qualquer outra pessoa. Quando a mulher dele chegou à hospedaria, procurando-o, e contou-lhes a sua história, elas se suicidaram, horrorizadas com o que tinham feito.

Pode-se encontrar uma situação mais ilustrativa da trágica

armadilha que acompanha a ambição descontrolada? As únicas de que me posso lembrar como sendo ainda mais ilustrativas são as de Hitler e de Stalin e outros mestres comunistas.

É preferível ser um ninguém e levar uma vida medíocre, que permitir que o mal da ambição descontrolada faça de você um escravo.

A determinação é o recurso de que nos valemos para atingir o sucesso. É o nosso instrumento. Está escravizada à nossa vontade, como o servo ao Senhor, mas, oh!, que maravilhosa escrava e serva é quando sob controle. A sua chave de hoje para o sucesso é aprender a controlar a sua determinação. Faça disso um poderoso auxiliar.

3. Descobrindo o Poder da Determinação

A SUA CHAVE para o sucesso pessoal é descobrir o poder da determinação. Qual a diferença entre um homem e outro? Eis um homem que vive com dinamismo, entusiasmo e vibração. Utiliza poder em tudo que faz. Eis outro homem, que definha, se arrasta, rasteja, através de uma mera existência. A diferença é a determinação. Há um poder assombroso nela.

Você sabia que quase 80% dos estudantes de cursos secundários e universitários ignoram o que vão fazer no futuro? São como os cavalos utilizados nas fazendas durante a estação do debulho. Dão voltas e mais voltas o dia inteiro, comem, dormem e depois voltam à mesma moagem; ou como o ascensorista, que gasta considerável tempo no elevador, descendo e subindo, jamais chegando a lugar algum.

Não se pode conter um homem com determinação. Vejamos o exemplo de Clarence E. Birdseye. Em 1924, perdeu tudo que tinha — até o dinheiro obtido com empréstimo sobre o seguro de vida — quando o seu negócio de comida congelada foi à falência. No entanto, ele acreditava que havia um mercado para alimentos congelados. Recomeçou com sete dólares e utilizou um canto da fábrica de gelo de um amigo para fazer as suas experiências. Cinco anos depois, vendeu por 22.000.000 de dólares a sua firma de alimentos congelados. Aposentar-se? Isso não era para Birdseye. Continuou ativo e registrou mais de 250 patentes nos Estados Unidos e no estrangeiro. Em 1945, apareceu com mais uma outra fantástica descoberta no campo dos alimentos industrializados.

H.V. Kaltenborn fez somente um ano de curso secundário, mudou de um emprego para outro — extração de madeiras, correspondente de guerra, vendedor a domicílio —, depois foi para a Universidade de Harvard, com apenas um ano de estudos secundários, e diplomou-se com distinção. Tornou-se a voz mais conhecida do rádio americano durante a Segunda Guerra Mundial. Era um homem dotado de poderosa determinação.

Uma das maiores vantagens da determinação, assim como uma das maiores satisfações que pode causar, é o reconhecimento. "Os que vivem com nobreza, mesmo que levem uma existência obscura, não precisam temer passar pelo mundo em vão. Irradiam de suas vidas uma luz que mostra o caminho para amigos, vizinhos e talvez gerações muito futuras. Encontro nos dias de hoje muito homens oprimidos por uma sensação de impotência, com um sentimento de que na pressa em que vive a sociedade moderna nada há de importante para o indivíduo fazer." (Bertrand Russell)

Margaret Culkin Banning relata uma interessante discussão. Um homem diz a outro que as economias de um determinado amigo haviam sumido. Uma senhora que por acaso o ouviu afirma:

— Você quer dizer que ele perdeu o dinheiro.

— Sim — responde o amigo —, foi o que eu disse.

— Não — contesta a senhora —, você não disse isso. Você

disse que as economias de sua vida se haviam ido embora, o que não é verdade. Elas não se foram. Ele tem uma cabeça cheia de conhecimentos e experiência. Os grandes investimentos que fez em caridade não se perderam ao render lucro para a sociedade de hoje. Ele conserva seus hábitos simples no seu prazer em viver. Você não precisa se preocupar com ele. Ele sobrevive.[3]

Um homem com determinação dinâmica não pula da janela de um hotel quando sobrevém um depressão econômica. Compreende que a perda de dinheiro é apenas um desvio temporário no caminho para o sucesso. Quando veio o colapso de 1929, um amigo meu disse à mulher:

— Bem, meu amor, perdemos 160.000 dólares hoje.

Imagine o choque que teriam muitas mulheres se perdessem tudo o que possuíssem. Entretanto, ela era uma mulher com determinação elevada e profunda agudeza espiritual. Sorriu para o marido e falou:

— Mas querido, é só dinheiro.

Nunca mais falaram sobre o assunto.

Sir Thomas Buxton disse:

"Quanto mais vivo, mais certeza tenho de que a grande diferença entre os homens, entre os fracos e os poderosos, entre os grandes e os insignificantes, é a energia, *uma vez definida uma invencível determinação de propósito, depois a morte ou a vitória. Essa qualidade fará qualquer coisa que possa ser feita neste mundo; e sem ela, nenhuma circunstância, nenhum talento, nenhuma oportunidade transformará num homem uma criatura de duas pernas.*"

---

[3] Margaret Culkin Banning, *Indestructible Wealth* (Riqueza Indestrutível). Citado por Earl Nightingale, *Our Changing World* (Nosso Mundo em Mudança), nº 734 (Chicago: Nightingale-Conant Corporation).

A Determinação Encontra Uma Fórmula Para o Sucesso

"O que importa não é onde você esteve ou está, mas aonde deseja chegar", informa o Dr. Schwartz.[4] Ele sugere que você descreva a sua imagem de daqui a dez anos:

A. O Ministério do Trabalho daqui a dez anos:

1. Que nível de renda desejo alcançar?
2. Que nível de responsabilidade procuro?
3. Quanta autoridade desejo exercer?
4. Que prestígio espero obter com meu trabalho?

B. O Ministério do Interior daqui a dez anos:

1. Que tipo de padrão de vida quero proporcionar à minha família e a mim mesmo?
2. Em que tipo de casa quero morar?
3. Que tipo de férias quero gozar?
4. Que apoio econômico quero dar aos meus filhos nos seus primeiros anos de vida adulta?

C. O Ministério para Assuntos Sociais daqui a dez anos:

1. Que tipo de amigos desejo ter?
2. Em que tipo de grupos sociais desejo ingressar?
3. Que posições de liderança social eu desejaria ocupar?
4. Que causas meritórias desejo advogar?

Há poder neste tipo de determinação.

Se você realmente deseja bastante alguma coisa e faz pesar

---

[4] David J. Schwartz, *The Magic of Thinking Big* (A Mágica de Pensar Grande) (Englewood Cliffs, N.J.; Prentice-Hall, Inc., 1959 — Rio de Janeiro: Editora Record, 15ª ed., 1994), págs. 188-189.

sobre isso a intensidade de toda a sua mente, a sua alma e o seu coração, seu desejo será alcançado. Quantas pessoas são presenteadas pelos céus, mas não têm a visão ou a coragem de concretizar a sua utopia por meio da aplicação do poder da determinação, que constrói de verdade!

O Dr. William C. Menninger, psiquiatra de Topeka, Kansas, famoso em todo o mundo, diz num artigo de *This Week Magazine*: "Você sabe se está indo no caminho certo e, sobretudo, aonde quer ir? Não apenas no que diz respeito ao seu trabalho, mas nos importantes setores pessoais: o ambiente de seu lar, as relações com os membros de sua família, o seu próprio sentimento de *status* e valor na vida, sua própria dignidade e integridade."[5] Faça um auto-exame. Como você se sai?

Alguma vez o tubo de gasolina de seu automóvel congelou no inverno? Pode acontecer que um pouco de água entre no tanque de gasolina e congele no tubo. É impossível fazer um carro arrancar sem gasolina. Lembro-me de uma noite fria, com a temperatura abaixo de zero, em que um amigo empurrou meu carro por diversos quilômetros através das ruas apinhadas da cidade de Saint Louis, sem saber que o meu tubo de gasolina estava congelado. Por fim, tive de abandonar o carro e ir buscá-lo no dia seguinte. Ao subir a temperatura, a gasolina fluiu.

Earl Nightingale aponta quatro razões para o fracasso humano. Em outras palavras, existem quatro pontos de congelamento no tubo de gasolina que impedem o combustível de atingir o motor da realização. São:

"(1) Não somos obrigados.

(2) Vamos tão bem quanto qualquer outra pessoa.

(3) Estamos usando valores da média como padrões de atuação satisfatória.

(4) Não sabemos que dispomos de tanto poder e habilidades em reserva. Não temos dúvidas a nosso respeito."[6]

---

[5] Citado por Earl Nightingale, *Our Changing World* (Nosso Mundo em Mudança), nº 930.

[6] *Our Changing World* (Nosso Mundo em Mudança), nº 811.

Ponha o calor do entusiasmo nos seus tubos de combustível. Você poderá ser bem-sucedido.

Quem estiver disposto a se dedicar a um ideal nobre e elevado será poderoso. O poder está lá. É nato. Sempre temos energia para fazer aquilo de que gostamos. É comum um jovem chegar da escola, de uma partida de futebol ou de algum exercício, desabar no sofá e dizer que está muito cansado para estudar. Sem energia, exausto, esgotado; veja, porém, o que acontece se a namorada passar por ali e tocar a buzina do carro. Ele pula do sofá, sai correndo da casa, deixando a porta da frente escancarada, e corre para o carro, não parando para pensar que está exausto. Dá uma volta de uma hora e regressa esfuziante. Vê-se que ele tem energia para fazer aquilo de que gosta.

O mesmo se passa com o marido que no dia de folga não tem forças para acabar de cortar a grama, pintar a veneziana, ou pôr o lixo para fora, mas tem bastante energia para pescar ou jogar futebol. O aparecimento da energia acompanha a intensidade da determinação.

Falta de Determinação no Lar

Um dos problemas da vida familiar nos Estados Unidos de hoje é a tragédia dos homens sem determinação, que simplesmente, sob pressão econômica ou da família, ou qualquer outra, foram embora, deixando a mulher e os filhos enfrentarem a vida sozinhos. Muitas e muitas vezes tive de prestar assistência em circunstâncias como essas. Sabe-se que esses homens estavam procurando fugir das responsabilidades da vida. Não tinham determinação. No entanto, a capacidade de manter uma família existe no homem com determinação.

Num de seus programas de rádio, Earl Nightingale indica três caminhos a seguir para se ficar rico:[7]

---

[7] *Our Changing World* (Nosso Mundo em Mudança), nº 769.

(1) Decida que não há qualquer motivo para não poder ganhar o dinheiro que você e sua família desejam. Se outras pessoas podem enriquecer, você também pode. Os maiores impérios industriais dos Estados Unidos nasceram de uma idéia de um único indivíduo e começaram como empresas pequenas.

(2) Determine a quantia exata que deseja ganhar e fixe o tempo para obtê-la. Seja realista e sensato. Verifique você mesmo quais são as suas qualificações e determine uma quantia e um tempo razoáveis para ganhá-la. Resolva também que você se concentrará exclusivamente nesse objetivo até que o alcance.

(3) A fórmula mágica para o sucesso econômico não mudou desde que as primeiras moedas foram cunhadas na Ásia Menor. Consiste em seis palavras: "Descubra uma necessidade e a satisfaça." É a sua parte no jogo. Não se meta em setores onde não tenha experiência. É fácil? Não, mas funciona. A capacidade está ao dispor de quem tem uma determinação elevada.

Há pouco tempo, a firma manufatureira Warner e Swasey, de Cleveland, Ohio, anunciou: "Não foram os godos que derrotaram Roma. Foram os circos de graça... O luxo, o poder, os vícios tinham enfraquecido o outrora vigoroso povo romano. Para continuar gozando de popularidade, os imperadores foram dando aos romanos, cada vez mais, as facilidades pelas quais ansiavam — pão e circo de graça, vida fácil e, assim, eles se enfraqueceram diante dos bárbaros enérgicos e ambiciosos. No ano de 410, a maior nação que o mundo jamais conhecera foi invadida e destruída." Metade da população mundial de então era composta de escravos, que trabalhavam para a outra metade. A maioria das pessoas que viviam em Roma era mantida pelo governo, que se tornara seu benfeitor. A sua vontade de viver desaparecera. Haviam perdido a determinação. E não esqueçam de que o mesmo poderia ocorrer hoje nos Estados Unidos.

Um estudo de dez anos sobre pessoas em diversas profissões, realizado pelo Instituto de Pesquisas da General Motors, mostrou que, à medida que se avança em matéria de responsabilidades e posições, a capacidade mental e emocional se desenvolve muito, assim como a resistência à tensão. Em outras palavras, quem tem um propósito elevado não somente vive mais, como tem o poder de produzir mais!

Exercício: O Poder da Determinação

Como a determinação pode ajudá-lo a fazer do sucesso um hábito:

1. Escreva abaixo o objetivo mais importante que você poderia alcançar em sua vida.

2. Indique os benefícios que seriam obtidos se você alcançasse esse objetivo:

    A. Para a família

    B. Para pessoas relacionadas com você por motivos de negócios ou de profissão

    C. Por motivos religiosos ou sociais

    D. Para o país

3. Você está disposto a mudar o seu modo de vida para alcançar esse objetivo?

4. Indique como você mudará sua vida.

William James disse: "A maior descoberta da minha geração é que os seres humanos podem modificar suas vidas ao modificarem suas atitudes mentais."

4. Desenvolvendo a Determinação

A SUA CHAVE para o sucesso pessoal é criar uma determinação dinâmica. Como fazê-lo?

De acordo com Charles B. Roth, há sete motivações principais para se viver:

(1) Saúde. Todos a desejam e procuram.

(2) Riqueza. Segundo alguns, é a força predominante na vida de muitos.

(3) Satisfação do apetite — fome e sede de bens materiais, assim como mentais e emocionais.

(4) Divertimento — espetáculos, jogos, recreação, todas as formas de diversão.

(5) Segurança — é importante.

(6) Vaidade — o desejo de ser admirado. É sempre importante para influenciar outros.

(7) Auto-aperfeiçoamento.[8]

Estude essas motivações. Você descobrirá que o auxiliarão a criar uma determinação dinâmica para a sua vida.

Ganhar dinheiro não o fará necessariamente mais feliz. Você deve ter um objetivo mais forte, maior do que apenas a segurança econômica. Jesus de Nazaré instituiu um novo preceito ao nos transmitir a lei segundo a qual servir é uma grandeza.

Uma Causa Maior do que a Própria

Lembre-se da verdade bíblica segundo a qual quem se exaltar será humilde e quem se humilhar será exaltado. Este paradoxo é surpreendente para algumas pessoas. Você já atentou para as pessoas que exaltam a si próprias e cujo único propósito

[8] Charles B. Roth, *Winning Personal Recognition* (Conquistar o Reconhecimento Pessoal) (Englewood Cliffs, N.J.: Prentice Hall, Inc., 1954), págs. 30-31.

na vida se resume na satisfação dos seus desejos — os Hitlers, Mussolinis, Napoleões e Capones? Lincoln e Ghandi contrastam frontalmente com elas. Quando uma pessoa dedica vida, tempo, esforço e energia a uma causa maior do que ela, faz nascer em si uma determinação dinâmica que realmente torna a vida uma aventura romântica e gloriosa. Um dos meus lemas é: "A melhor maneira de tornar útil a vida é vivê-la de modo que a utilidade sobreviva à sua vida." Descobrir essa *causa* é o primeiro passo para criar um propósito. Então realmente se começa a viver.

O Dr. Chester A. Swor afirmou: "Uma oportunidade descoberta e aproveitada produz pelo menos uma outra oportunidade."

Suponhamos que o seu lema ou objetivo, meta, propósito, seja tornar pessoas felizes. Considere, então, o seu alcance a longo prazo. Influenciará o seu programa de segurança. Não será tão egoísta a ponto de gastar consigo toda a sua renda. Você se preparará para a possibilidade da morte atendendo às necessidades de outros por meio de um plano adequado de seguro. Estabelecerá uma eficiência a longo prazo através de economias. Todas as semanas reserve algo para os dias das vacas magras. Isso influenciará a sua saúde e terá como recompensa o enriquecimento de sua vida. Estendendo a sua vida por período de tempo maior, você se capacitará a tornar os outros felizes por mais tempo.

Mas atente também para o seu alcance a curto prazo. Tudo o que fizer objetivará beneficiar os outros à sua volta. Lembre-se destas frases: "Quando o encontrei, eu olhava para baixo; quando o deixei, eu olhava para o alto." O motorista de táxi, o chofer de ônibus, o porteiro, o vendedor na loja, a garçonete no restaurante, a secretária no escritório, o cliente, o freguês — quase todos têm mais problemas do que você. Por que você não estabelece como o seu objetivo fazer os outros felizes?

Comprometa-se

Um propósito eficaz precisa ser inscrito para ser criado. Precisa ser gravado indelevelmente em sua mente através da repetição. Escreva-o num pedaço de papel e coloque-o no painel de seu carro, sobre o espelho, sobre a pia e evidentemente em sua carteira. Nunca esqueça de que criamos um propósito tornando-o um hábito constante em nossa vida.

A Sua Mente Pesquisadora

O próximo passo para formar a sua determinação é transformar em realidade as palavras de Aristóteles: "Desejar saber faz parte da natureza do homem."

Sim, há pessoas nos Estados Unidos que receberam um grau de educação acima de sua inteligência. Entretanto, constituem a rara exceção. A incessante busca do conhecimento não é uma das mais notáveis contribuições que a educação pode proporcionar a alguém? Lembre-se da velha história do rapaz que voltava para casa depois de terminado o curso universitário levando em sua mala, rigorosamente catalogadas, as notas que escrevera durante os quatro anos em que estudara na faculdade. Houve um desastre e seu trem pegou fogo, sendo a mala destruída no incêndio. O rapaz não se feriu, mas teve de voltar à faculdade e estudar mais quatro anos, para refazer suas notas.

Igualmente trágico é o que se passa com quem arquiva em seu armário toda a inteligência e inspiração que possuía na universidade e nunca mais procura aumentar a sua cultura.

Lembre-se das vezes em que foi à farmácia da qual é cliente e pediu um determinado produto. O farmacêutico sabia logo onde localizar a mercadoria. Ele também estava a par do aparecimento de novos produtos naquele setor. Por exemplo, tendo recentemente aparecido um produto semelhante na mesma linha, melhor do que o que você usa, ele pode recomendá-lo a você. Eis um homem que conhece o produto e a sua loja. Mais importante do que tudo, conhece você e as suas necessidades. É por isso que você volta sempre à mesma farmácia. O farmacêutico é um homem bem-sucedido. Está desenvolvendo constantemente o seu conhecimento para servir melhor a sua clientela.

Não Faça Planos Modestos

Para desenvolver mais a sua determinação, você deve fazer planos pretensiosos. Há muitos anos venho me referindo a Daniel Burnham, da Comissão de Planejamento de Chicago. Creio que o Sr. Burnham foi o fundador do primeiro centro comercial nos EUA. Toda a estrutura e a vida urbana de Chicago foram modificadas pelo descortino desse homem. Lembre-se do que ele disse: "Não faça planos modestos. Nada há neles que mexa com o sangue dos homens. Faça planos pretensiosos. Uma vez registrada, uma grande idéia jamais pode morrer."

Não se conhece um homem modesto que tenha apresentado uma idéia grandiosa. Isso é verdade nesta vida e na outra, pois Jesus disse: "Fostes fiel a respeito de uns poucos assuntos, eu vos farei senhor de muitos assuntos."

Nunca um zelador de edifício se tornou presidente de um dia para outro, porém alguns dos gigantes industriais da América começaram como zeladores. Durante o processo de sua ascensão, esforçaram-se muito para realizar com sucesso o seu primeiro projeto; depois elevaram o objetivo — seus propósitos, sonhos, aspirações, intenções — e depois, mais ainda, e em seguida mais e mais, até que chegaram à sua meta máxima. Qual a grandeza de seus planos? Há quanto tempo você não os analisa? São suficientemente elevados para mexer com o seu sangue e com o de outros?

Earl Nightingale considerou algumas das coisas que as pessoas desejam obter na vida, o que desejam ser e quanto desejam economizar.[9]

[9] Our Changing World (Nosso Mundo em Mudança), n°s 720, 820.

Desejam obter: (1) Saúde. (2) Tempo. (3) Dinheiro. (4) Popularidade. (5) Melhor aparência. (6) Segurança na velhice. (7) Reconhecimento dos outros. (8) Conforto. (9) Lazer. (10) Orgulho pelo que realizam. (11) Ascensão profissional e social. (12) Maior satisfação. (13) Autoconfiança. (14) Prestígio pessoal.

Desejam ser: (1) Bons pais. (2) Sociáveis. (3) Atualizados. (4) Criativos. (5) Orgulhosos do que possuem. (6) Influentes com relação a outros. (7) Gregários. (8) Eficientes. (9) Os primeiros em tudo. (10) Reconhecidos como autoridades.

Desejam economizar: (1) Tempo. (2) Dinheiro. (3) Trabalho. (4) Desconforto. (5) Preocupações. (6) Dúvidas. (7) Riscos. (8) Inquietações pessoais.

Mas nada disso pode ser alcançado se você não tem uma determinação dinâmica.

Gostaria de sugerir a leitura do livro *TNT, The Power Within You* (TNT, O Poder Dentro de Você), de Claude M. Bristol e Harold Sherman, recomendando principalmente o capítulo "How to Build Mind Pictures" (Como Formar Imagens Mentais). Há um velho ditado que diz: "Olhe para dentro de si. Ali está a fonte do bem, e se você cavar ela há de borbulhar." Ao pensar em imagens mentais, imagine-se como deseja ser, alcançando as metas a que se propôs. Descobrirá que essa é a imagem mais atraente que jamais concebeu. Terá força, conhecimento e poder para alcançá-la, pois a estabeleceu como uma imagem visual.

Essa imagem se tornará o modelo para o seu sucesso. Será uma televisão mental. Você se verá realizando tudo que almeja. Jamais esqueça as palavras da Bíblia, no Evangelho de São Marcos, 11:24: "Por isso vos digo: Todas as coisas que pedirdes orando, crede que as haveis de conseguir e as obtereis." No momento em que você tiver essa determinação dinâmica e começar a perseguir com persistência esse objetivo desafiador e digno, terá um sucesso imediato, pois, com freqüência, empreender e fazer a viagem representa muito mais do que o triunfo de chegar ao fim.

Essa será então a garantia do seu êxito. Você será um

homem dinâmico, dedicado, que nada poderá deter. E não deixe de se lembrar de que os que o seguem terão em você a fonte de sua força, inspiração e do espírito para enfrentar os desafios — os seus filhos, sócios, empregados, patrões e todos os seus amigos da sociedade, da igreja que freqüenta, da comunidade em que vive.

5. A Determinação Baseada na Realização

A SUA CHAVE para o sucesso pessoal é a determinação dinâmica e revigorante.

Para que a determinação seja devoradora, poderosa e desafiadora, deve ter como fundamento o êxito na realização de pequenos projetos. A realização persistente acarreta o desafio em direção a maiores objetivos. Nasce da distinção e do reconhecimento de uma necessidade e da ação objetiva da qual resulta a sua satisfação.

A necessidade é uma brecha entre o estímulo despertado e o estímulo realizado. Essa função é levada a efeito quando se cumpre bem a tarefa. A grande maioria de nós goza, no presente, a alegria da realização. Johann Sebastian Bach já estava morto havia 25 anos quando o público começou a aceitar as suas composições. E foi necessário outro quarto de século para que a sua verdadeira grandeza fosse reconhecida em todo o mundo. Foi enterrado num cemitério pobre; hoje é tido como um dos mais notáveis músicos de todos os tempos. Eis a tragédia da vitória que chega tarde demais. Mas o mesmo não tem de acontecer com você, que pode gozar da alegria da vitória agora, como conseqüência da sua determinação.

Não se Subestime

"Sou um psicólogo clínico", disse Randall B. Hamrack[10] "Durante vinte anos fiz testes e dei orientação vocacional a pelo menos 10.000 jovens de ambos os sexos. Quase todos tendiam a se subestimar. Não precisamos nos preocupar com os inteligentes e instruídos. Esse tipo não é muito comum. Mas devemos realmente nos preocupar com os milhares de jovens que se subestimam. Quando no mínimo três em cada quatro se subestimam, estamos vivendo uma tragédia comunitária, formada pelas tragédias individuais de cada vida insatisfeita."

Compreende o alcance disso? Três quartos de todos os jovens dos Estados Unidos subestimam-se; não estão à altura de sua personalidade global, por conseguinte vivendo de maneira medíocre e sem significação. Os Estados Unidos não conseguirão alcançar os seus altos destinos se os nossos jovens não se motivarem dinamicamente no sentido da ação objetiva.

Você É Responsável Pela Sua Aparência

Dizem que um dos conselheiros de Lincoln recomendou-lhe com insistência um candidato a ser nomeado para seu gabinete. Lincoln não acatou a sugestão e explicou a recusa da seguinte forma:

— Não gosto da cara dele.

— Mas o pobre não é responsável pela cara que tem — insistiu o assessor.

— Todos os homens de mais de quarenta anos são responsáveis por sua cara — replicou Lincoln, e retomou a discussão de outros assuntos.

Creio que ele tinha razão. Os médicos e cientistas nos ensinam que a vontade de viver é um dos fatores mais importan-

[10]Citado em *Our Changing World* (Nosso Mundo em Mudança), nº 633.

tes, se não o mais importante, para a cura de um doente. Já conversei com enfermos que haviam decidido morrer. Vi alguns deles aceitarem o meu desafio, e, à medida que foram respondendo com dinamismo e entusiasmo, seu estado físico imediatamente se inverteu.

Se isso é verdade com as pessoas enfermas, mais ainda o é com as sadias. Portanto, a sua determinação afetará de fato a sua aparência. Quem tiver uma determinação dinâmica será uma pessoa ardente, que vive para novos objetivos, para o máximo da vida. O estímulo e o vigor aparecerão na sua fisionomia.

A Finalidade da Vida

Permita-me sugerir-lhe três finalidades para a sua vida; se você as seguir, asseguro-lhe que gozará dos verdadeiros resultados da determinação dinâmica.

1. Servir. Jesus ensinou-nos a servir. Roma havia dominado com o seu poder as mentes e a vontade dos outros. Para os romanos, "o poder era o direito". Sabemos que quem quiser ser o maior deverá ser o que mais serve. Você pode viver com dinamismo, mas é necessário que aproveite todas as oportunidades de servir.

Quer saber o desejo de Deus com respeito à sua vida como servidor? O que se segue o ajudará nisso: (A) Detecta uma tarefa necessária? Talvez um grupo de escoteiros que precisa de um líder. Talvez a organização de um clube infantil. Talvez uma função de círculo de pais e professores ou um curso da escola de catecismo. Talvez um inválido que precisa de uma visita ou um preso que necessita de um amigo. Talvez uma família que passa fome. Identifique a oportunidade. (B) Pense: "Pela graça de Deus posso fazê-lo." (C) Comece a fazê-lo. Vá direto. (D) Se Deus não o interromper, será o plano Dele para a sua vida.

"O segredo do sucesso na vida de um homem é ele estar

pronto para aproveitar a sua oportunidade quando esta aparecer." (Benjamin Disraeli)

Lembre-se de que servir exige esforço. "Quando Deus quis esponjas e ostras, Ele as fez e pôs uma numa pedra e a outra na lama. Quando Ele fez o homem, não o fez para ser esponja ou ostra; Ele o fez com pés e mãos, cabeça e coração, sangue vital e um lugar para utilizá-los, e lhe disse: 'Trabalhe.'" (Henry Ward Beecher)

2. A liderança que se exerce com relação a outros resulta da determinação. Todo mundo procura alguém que lhe diga: "Muito bem."

Lembro-me bem de meus tempos de ginásio e faculdade, em que os meus treinadores de atletismo faziam um elogio ao verem um esforço especial, tanto nas competições como nos treinos. No ginásio, eu fazia qualquer proeza que despertasse elogios de Joe Robert Gouldman. Parecia que, acima de tudo, queria satisfazer o meu treinador. Na universidade, o mesmo ocorreu com relação a Stanley Robinson. Esse é o poder da liderança com determinação empreendedora.

Jamais esqueça que você é o líder que alguém está procurando. Todo menino deseja ser como o pai. Toda menina deseja ser como a mãe. Uma das melhores coisas que um homem pode fazer é deixar uma herança de determinação, um exemplo de liderança empreendedora e dinâmica.

Quando Lee Scarborough voltou da Faculdade de Direito de Harvard e da Universidade de Baylor para a sua cidade natal no oeste do Texas, multidões foram ouvir o seu primeiro sermão. Alguns dos assistentes notaram a diferença entre o pai dele, sacerdote do interior, de pouca instrução, e o filho bem preparado. Um deles disse:

— Bem, ele faz sermões melhores do que os do pai.

O grupo ficou constrangido quando o homem à sua frente virou-se para trás; era o pai de Lee. O homem estava vibrando com as palavras que ouvira deles e declarou, com um largo sorriso: "É o melhor elogio que vocês me poderiam fazer, porque, vejam, ele se apóia em mim."

É esse o efeito da determinação, uma liderança que outros procuram seguir.

3. Um terceiro efeito da determinação é o impacto. O que você constrói para sempre, o que faz com determinação bem-sucedida, fará parte do triunfo total da democracia. Andrew Carnegie explicou muito bem: "Ninguém pode enriquecer sem enriquecer os outros." Se você chegar ao fim da vida e puder olhar para trás com sinceridade e ver ao longo dos anos pessoas favorecidas, enaltecidas, livres de desânimo porque o encontraram, gente cujo sustento, felicidade e sucesso resultaram do encorajamento que você lhes deu, então você prestou uma contribuição positiva ao modo de vida que acreditamos ser o melhor jamais conhecido ou alcançado neste planeta.

Como disse tão bem Dale Carnegie: "Em lugar de se preocupar com o que as pessoas dizem de você, por que não aproveita o seu tempo e tenta fazer algo que elas admirem?" Faça-o com honestidade.

Não se esqueça das palavras de Jeremias, 17:11: "Como a perdiz que choca os ovos que não pôs, assim o que junta riquezas por meios injustos, no meio de seus dias terá que os deixar e no seu fim será um insensato." A honestidade, estrita e sem conchavos, é ainda o melhor meio de se administrar um negócio ou de se enriquecer. Há muitos anos, no começo do século, um comerciante de Filadélfia, cristão, chamado John Wanamaker, decidiu aplicar os princípios de sua crença nos negócios a que se dedicava. Esforçou-se por satisfazer o freguês. Riram-se dele. Disseram-lhe que a idéia jamais funcionaria. E o que aconteceu? Hoje, satisfazer o freguês é uma das regras básicas do comércio nos Estados Unidos. "O freguês sempre tem razão." Não haveria espaço aqui para relacionar todas as grandes empresas bem-sucedidas que se organizaram nos Estados Unidos com base nesse princípio.

Sim, Wanamaker prestou uma contribuição duradoura, efetiva e dinâmica à civilização ocidental. Participou do triunfo total da democracia e da retidão.

Exercício: Como Desenvolver a Determinação

O hábito de utilizar uma determinação desenvolvida equivale ao sucesso:

1. Reformule o propósito de sua vida.

2. Esse propósito constitui uma causa superior a você mesmo?

    A. As outras pessoas estão mais felizes?

    B. As outras pessoas estão mais ricas?

3. Qual meio de auto-aperfeiçoamento você empregou?

    A. O Curso de Liderança de Dale Carnegie?

    B. O Curso de Vendas de Dale Carnegie?

    C. O Curso da Ciência do Sucesso Pessoal?

    D. Um curso profissional?

    E. Outros?

4. Relacione os doze objetivos que as pessoas mais desejam na vida, de acordo com a ordem de importância que você lhes dá:

    A.
    B.
    C.
    D.
    E.
    F.
    G.

H.
I.
J.
K.
L.

5. Você está servindo mais?

6. Você está liderando mais?

7. A sua experiência fortaleceu o nosso país?

8. É válido que as futuras gerações empunhem a bandeira que inspira a sua determinação?

Seção II

AS METAS PODEM TRANSFORMAR SUA VIDA

6. Fixando uma Meta

A SUA CHAVE para o sucesso pessoal está no estabelecimento de uma meta. Metas e propósitos diferem. O propósito é o objetivo a longo prazo — o vaso de ouro no fim do arco-íris. Quando você tenta atingi-lo, ainda está distante. As metas podem ser a longo prazo, porém são mais nitidamente definidas.

O Que São as Metas

Atente para três características das metas.

1. São concretas, isto é, ações concretas que podemos e pretendemos executar.

2. São mensuráveis, permitindo-nos avaliar o nosso progresso. Podem ser medidas em termos de quantidade — quanto desejamos fazer e com que freqüência. Podem ser medidas em função de tempo — quando desejamos atingi-las.

3. Estão relacionadas com um período definido de tempo. São alvos por um determinado espaço de tempo — uma intenção de obter um resultado num prazo estipulado. Enquanto os objetivos podem ser perseguidos durante um tempo não determinado no futuro, as metas são o que nos propomos a fazer durante o tempo que planejamos para marchar em direção ao alvo.

A Dinâmica da Fixação de Metas

Frank Bettger, um dos mais eficientes vendedores dos Estados Unidos, grande conferencista sobre vendas e autor de três conhecidos manuais para vendedores, passa as tardes de sexta-feira determinando o trabalho a ser realizado na semana seguinte. Programa as tarefas mais corriqueiras possíveis. Durante o fim de semana, crescem dentro dele uma vontade dinâmica e uma intensidade de determinação. Na manhã de segunda-feira, ele vai para o trabalho cheio de vitalidade. Como se vê, existe uma dinâmica na fixação de metas.

Saiba Para Onde Está Indo

Disse Thomas A. Edison: "Os mais importantes fatores para se chegar a uma invenção podem ser descritos em poucas palavras. Consistem, em primeiro lugar, em saber, com precisão, o que se quer obter. Devemos concentrar-nos naquele objetivo e iniciar a busca do que procuramos, utilizando, para tanto, todos os conhecimentos que tenhamos ou que possamos adquirir de outros sobre o assunto. Devemos continuar a busca, não importando quantas vezes fracassemos. Não devemos deixar-nos influenciar pelo fracasso de outras pessoas que tentaram a mesma idéia. Devemos ter sempre em mente que a solução do nosso problema existe em alguma parte e será encontrada..."

"Quando um homem se decide a resolver qualquer problema, poderá, a princípio, encontrar terríveis dificuldades, mas se ele insistir em seu esforço, certamente achará uma solução. O problema de muita gente é desistir antes de começar."

Alexander Graham Bell afirmou: "Eu havia decidido encontrar o que procurava, nem que tivesse de dedicar a isso todo o resto da minha vida. Depois de inúmeros fracassos, finalmente descobri o princípio que estava buscando e me assombrei com a sua simplicidade. Fiquei ainda mais admirado ao ver que o princípio que tinha descoberto se prestava não apenas para a fabricação de um aparelho auditivo, como também para transmitir o som da voz através de um fio. Outra descoberta decorrente de minha pesquisa foi a de que, quando um homem se dedica a conseguir um determinado resultado, parece que ocorre um fenômeno por meio do qual ele adquire como que uma segunda visão, que o habilita a resolver os problemas comuns. O que é esse poder, não sei; o que sei é que existe e só pode ser utilizado quando um homem se encontra no estado de espírito em que sabe exatamente o que deseja e está absolutamente determinado a não desistir até obtê-lo."

Poder de Equipe

Um perfeito exemplo da dinâmica da fixação de metas é a intensidade da determinação, tal qual a força da disciplina que existe numa equipe esportiva, sobretudo de uma escola secundária. O trabalho mais árduo que já enfrentei na vida foi o de me pôr em forma para jogar futebol, tanto nos tempos de ginásio como de faculdade. Enquanto me esfalfava no campo de futebol no fim do treino, quando a escuridão se espalha pelo estádio, costumava dizer a mim mesmo: "É o trabalho mais penoso que você já fez. Por que continua a fazê-lo?" Por quê? Fiz aquilo para poder fazer parte do time. Para ajudar a ganhar o jogo. Para que minha escola reconhecesse meu esforço. Por meus companheiros de equipe. A meta estava lá e a dinâmica funcionou.

Já pensou alguma vez na dinâmica de andar de bicicleta? É necessário chegar a uma determinada velocidade antes de se poder manter a bicicleta equilibrada. Quando dispomos da dinâmica de uma meta, obtemos o equilíbrio necessário para mover a bicicleta para a frente. Mas quando desaceleramos, a bicicleta bamboleia e acabamos caindo.

Afirma o Dr. Maxwell Maltz, em seu livro *Psycho-Cybernetics*: "Somos estruturados como mecanismos que trabalham para chegar a metas. Somos feitos assim. Quando não temos uma meta pessoal pela qual nos interessemos e que signifique algo para nós, não sabemos para onde vamos, sentimo-nos perdidos e achamos a própria vida sem finalidade e propósito. Fomos feitos para conquistar o meio ambiente, resolver problemas, atingir metas, e não obtemos verdadeira satisfação ou felicidade na vida se não temos obstáculos a vencer e metas a alcançar. Quem diz que viver não vale a pena está dizendo, de fato, que não tem metas pessoais que valham a pena. Escolha uma meta pela qual valha a pena lutar. Melhor ainda, faça um plano. Decida o que quer obter numa determinada situação. Tenha sempre algo que espere alcançar."[11]

Decida o que realmente quer fazer na vida, mais que tudo. Determine a sua meta. Visualize-a em sua mente. Imagine o que deseja ser, o tipo de pessoa que se quer tornar.

Depois reúna todo o material que se relacione com o seu objetivo. Colha tudo que for possível da biblioteca pública da sua observação pessoal e da experiência dos outros, de qualquer informação que puder obter. Analise, discuta e experimente esse material. Arrume-o numa ordem lógica. Determine como vai atingir a sua meta.

Em seguida, estabeleça um prazo. Não permita que coisa alguma o desvie. Permaneça no seu caminho. E, finalmente, não se limite a falar sobre isso, aja. Comece agora mesmo. Lembre-se de que uma jornada de milhares de quilômetros se inicia com um passo. Então comece. Você pode triunfar.

Uma meta modesta atinge-se logo. Um esforço da mesma intensidade dedicado a uma meta mais importante chegará de qualquer maneira ao mesmo resultado. Se a sua mulher quer um vestido novo ou um chapéu novo, achará o modo de obtê-lo — com o dinheiro da alimentação, das economias, comprando a crédito —, de algum modo haverá de consegui-lo. Platão disse: "Um trabalho que começa bem já está feito pela metade." E é lógico que a melhor maneira de começar bem um trabalho é ter fé em que com toda a certeza será bem-sucedido. Lembre-se das palavras de Paul J. Meyer: "O que se deseja ardentemente, o que se crê com sinceridade, o que se sonha com intensidade, o que se trata com entusiasmo fatalmente se concretiza."

---

[11]Maxwell Maltz, *Psycho-cybernetics* (Psicocibernética) (Englewood Cliffs, N.J.: Prentice-Hall, Inc., 1960), págs. 57-58.

Energia Ilimitada

Freqüentemente me perguntam: "Como você consegue a sua energia?"

Arnold Bennett deu-nos a melhor resposta para essa pergunta: "Pode ser que você esteja esperando criar energia em si próprio. Ora, você não pode criá-la em si mesmo ou em qualquer outro lugar. Ninguém pode. Você pode apenas libertá-la, soltá-la, transformá-la, dirigi-la. O indivíduo nasce com determinada quantidade de energia, nada mais. E, o que é mais importante, não se pode aumentá-la. Pode parecer às vezes que se está aumentando a energia do indivíduo, mas isso não é verdadeiro; o que se está fazendo é simplesmente libertar a energia original — acendendo o carvão ou abanando o fogo. Algumas pessoas podem parecer deficientes em matéria de energia, quando na verdade a têm em quantidade, só que ela está adormecida, esperando que se acenda o fogo ou aguardando orientação. A idéia comum que se tem a respeito da energia de alguém é a da intensidade do seu desejo. É o desejo que utiliza a energia. Desejos intensos geralmente indicam a existência de muita energia — e são desejos definidos. Sem o desejo, a energia se torna inútil. Ninguém despenderá energia numa atividade a menos que queira executá-la para si próprio ou como um meio para alcançar um certo fim."

"Não se deve confundir uma aspiração geral e vaga com o desejo. Um desejo verdadeiro é definido, concreto. O desejo que indica grande energia está sempre presente, causando preocupação. Constitui uma obsessão — um açoite, sem piedade."

Eu tenho metas a cumprir em minha vida. Tenho objetivos a alcançar, objetivos que fixei e que tornam a minha vida maravilhosa e alegre, digna de ser vivida. Como se vê, as metas liberam nossas energias inatas.

Pontos de Verificação

A dinâmica mais intensa revela-se durante o estabelecimento da meta e o processo de atingi-la. Ao se alcançar uma meta, ocorre um arrefecimento natural. Há muita gente que descansa os remos e vai flutuando para uma abrigada enseada e nunca mais estabelece outra meta. Essas pessoas se deterioram por inatividade. Há quem morra aos 30, embora seja enterrado aos 70. Para falar a verdade, conheço gente que foi embalsamada mais ainda não sepultada! É o caso de quem atinge uma meta e estaciona. As metas são pontos de descanso na jornada para a plenitude da vida. Paramos para refletir — olhar o que passou e pensar. Interrompemo-nos para fazer a respiração voltar ao normal, recuperar as energias e escolher o caminho a seguir para ir até ao próximo ponto da escala. A escalada é muito mais revigorante, estimulante e dinamicamente entusiástica do que propriamente atingir a meta.

Essa verdade é muito bem explicada por um filósofo que disse: "Não há muito mais o que fazer com o homem que realiza o último dos seus sonhos a não ser enterrá-lo." Henry J. Kaiser passou a sua enorme empresa para o filho e foi para o Havaí como aposentado. Porém, um homem com metas dinâmicas não pode descansar ou aposentar-se. Assim, ele construiu o seu primeiro hotel, depois outros, e mais tarde um belo edifício de escritórios com um restaurante giratório na cobertura. Hoje, Waikiki caracteriza-se como um empreendimento fabuloso, tudo devido aos sonhos e objetivos de um homem. Como disse Earl Nightingale: "Uma pessoa é tão jovem quanto os seus sonhos — ou tão velha quanto as suas dúvidas." Deixe que cada meta alcançada represente uma pausa temporária na jornada em direção a uma conquista maior.

7. A Disciplina das Metas

A SUA CHAVE atual para o sucesso é disciplinar as metas. Neste sentido, uma leitura útil é *Think and Grow Rich*, de Napoleon Hill. Nessa obra, relacionam-se dez motivos para o fracasso de uma liderança. São: "(1) Falta de habilidade para a organização de detalhes. (2) Falta de vontade para a prestação de serviços modestos. (3) Expectativa de remuneração pelo que se sabe, em vez de remuneração pelo que se faz com o que se sabe. (4) Medo da concorrência por parte dos adeptos. (5) Falta de imaginação. (6) Egoísmo. (7) Falta de comedimento. (8) Deslealdade. (9) Exagero na autoridade da liderança. (10) Valorização da hierarquia."[12]

Todos esses fatores resultam da falta de metas. Quando estas são solidamente estabelecidas, periodicamente testadas e muito desejadas, o resultado é uma grande disciplina de ação.

Harry Emerson Fosdick escreveu certa vez: "Cavalo algum chega a qualquer lugar se não estiver com arreios; o vapor ou a gasolina não movem coisa alguma sem estarem comprimidos. Niágara alguma jamais transformou qualquer coisa em luz ou energia sem estar represada; vida alguma jamais se enobreceu sem estar voltada para um objetivo, dedicada, disciplinada."

Noventa e Cinco por Cento Fracassam

Consideremos 100 homens de 25 anos de idade, todos com a esperança de serem bem-sucedidos na vida. Se os acompanharmos durante 40 anos de trabalho, verificaremos, na época de suas aposentadorias, que um ficou rico, quatro alcançaram independência econômica, cinco ainda estão trabalhando, 36 morreram

---

[12]Napoleon Hill, *Think and Grow Rich* (Pense e Enriqueça), edição revista (Chicago: Combined Registry Company, 1960), págs. 107-109.

e 54 faliram completamente. Se cada um desses indivíduos economizasse apenas 10% do que ganha e nunca recebesse mais de 6.000 dólares por ano, pouparia 24.000 dólares ao fim de 40 anos de trabalho. Essa importância, aplicada com taxas de juros normais, aumentaria para 58.000 dólares, quantia certamente suficiente para manter afastada a miséria. Mas por que há tantos homens que não o fazem? É que eles simplesmente não têm metas. Não têm determinação. Não possuem a disciplina decorrente da existência de um fim a alcançar. Não determinam o seu alvo nem concentram toda a sua energia na tarefa de atingi-lo.

Alexander Maclaren disse: "O homem que não aprendeu a dizer *não* será um fraco, se não um desgraçado, enquanto viver." Não terá objetivos, disciplina, alegria, nada realizará, não manterá a família, não terá reservas para tempos difíceis, não investirá ao surgir a oportunidade de melhorar a sua situação econômica.

O apóstolo São Paulo tornou-se o mais importante discípulo do seu Mestre, pelo exemplo de sua vida e pela dedicação de seus esforços. Ele tinha um objetivo. Está registrado na Epístola aos Filipenses, 3:13: "Mas somente faço uma coisa. Esquecendo-me do que ficou para trás, e avançando para as coisas que me estão à frente, prossigo para a meta."

Você iria caçar um urso nas Montanhas Rochosas levando uma espingarda para caçar passarinhos? Não. A munição desta arma se espalha após o tiro, e, mesmo atingido o alvo, a caça não morre. Leva-se, então, um rifle de grosso calibre para caças grandes, que possibilite atingir-se o alvo, matando-o logo. É o segredo para se alcançar uma meta. Em vez de dispersar os esforços em diferentes direções, a meta faz com que nos concentremos no objetivo.

Um Homem Que Olha Numa Única Direção

Seja um homem que olha numa única direção. Foi o que Jesus teve em mente ao dizer: "Quando olhais numa única direção, todo o vosso corpo também se enche de luz.'' Portanto, seja um homem que olha numa única direção. Assim era Andrew Carnegie, ao afirmar: "Ponha todos os seus ovos numa única cesta e vigie-os.'' Concentre-se num objetivo e será bem-sucedido.

"Uma quantidade extremamente elevada de nossas preocupações e tensões ocultas advém do fato de que milhões de pessoas jamais se encontraram e nunca descobriram o tipo de trabalho que gostariam de fazer. Em vez disso, ardem de raiva internamente, porque passam a vida fazendo um trabalho que desprezam.'' (Dale Carnegie)

Pode-se encontrar melhor definição de vida dispersa, sem finalidade, sem planejamento, sem objetivo?

"O homem educado é o que aprendeu a obter tudo de que necessita sem violar os direitos dos seus semelhantes. A educação vem de dentro; você a consegue através da luta, do esforço e do pensamento.'' (Napoleon Hill)

A sua chave para o êxito pessoal é estabelecer uma meta definida, pois na dinâmica da sua determinação estará a disciplina que o levará ao sucesso pessoal. Lembre-se de que o sucesso consiste na realização permanente de um objetivo difícil e digno. Eu o desafio a ser pessoal e dinamicamente bem-sucedido. Estabeleça a sua meta e o será. É inevitável. Você o será!

8. Exemplos de Metas

A SUA CHAVE para o sucesso pessoal são as metas. Neste capítulo há exemplos de metas que tornaram dinâmicas as vidas de alguns homens. Sallust disse: "Cada indivíduo arquiteta a própria sina.'' Você acredita nisso?

Uma Fórmula Para o Sucesso da Meta

Numa moldura na parede de meu escritório está o lema de outro homem dinâmico que deve seu êxito à fixação de metas Ele criou um plano para atingir o sucesso pessoal ganhando um milhão de dólares. Paul J. Meyer, aos 26 anos, estava milionário. Eis a sua fórmula:

"(1) Consolide as suas idéias. Determine que meta específica deseja alcançar. E dedique-se a atingi-la com indeclinável unidade de propósito e a devoção ardente de um cruzado.

(2) Organize um plano para atingir o objetivo e fixe um prazo para alcançá-lo. Faça os projetos com cuidado — para cada hora, cada dia, cada mês. Prepare-se para agir e mantenha o entusiasmo de sua energia.

(3) Deseje com sinceridade atingir o que quer. Um desejo ardente é o maior motivador de qualquer ação humana. O desejo de alcançar o êxito faz nascer a consciência do sucesso, que, por sua vez, cria o hábito do sucesso, ativo e constante.

(4) Tenha absoluta confiança em si e em suas próprias habilidades. Tome qualquer iniciativa sem pensar na possibilidade de fracasso. Concentre-se em sua força e não em sua fraqueza; em seu poder e não em seus problemas.

(5) Adote uma atitude de firme determinação para executar o seu plano a despeito de obstáculos, críticas ou incidentes. Baseie a sua determinação em esforço permanente, atenção orientada e energia concentrada. As oportunidades não se oferecem aos que ficam na espera — cabem aos que se aventuram a atacar."[13]

Paul Meyer deixou a sua terra natal, na Califórnia, e foi para a Costa Leste com o fim de aprender tudo relacionado a seguros de vida. Sua parada inicial foi em Columbus, Geórgia, onde quase morreu de fome durante os primeiros seis meses, porque um agente de seguros limitou-se a pôr em suas mãos um livro de tarifas, dizendo:

---

[13]Palestra com Paul J. Meyer.

— Tome, seu bobo; desencave o assunto ou morra.

Mas naquele período de seis meses ele conseguiu aprender alguns princípios sobre seguros de vida. Aos 23 anos era vice-presidente da companhia de seguros e se tornara o maior executivo de sua faixa de idade, nos Estados Unidos. Foi convocado para ser o orador da Mesa-Redonda de um Milhão de Dólares. É hoje presidente do Instituto para a Motivação do Sucesso, da cidade de Waco, Texas, o que constitui um exemplo vivo e dinâmico de que a fixação de metas realmente vale a pena.

Duzentas Histórias de Sucesso

No livro *You Are Better Than You Think*, de Albert, a Dra. Charlotte Buhler, do Instituto de Psicologia de Viena, refere-se a um estudo sobre as vidas de 200 homens e mulheres famosos. Descobriu-se que cada um deles tinha um objetivo, que orientava o emprego de todas as suas energias.[14] "Escreva o que deseja alcançar. Ponha o papel num quadro e o pendure na parede", disse Johnson O'Conner.

Lawrence Gould, o psicólogo, comentou: "Muitas pessoas ficaram desanimadas porque sua penosa determinação de serem bem-sucedidas não produziu resultados positivos, pois o seu verdadeiro desejo, inconsciente, era divertir-se e levar uma vida fácil — um quadro que com freqüência me vem à mente é o do melodrama à moda antiga, quando a heroína finge que cede às aproximações românticas do vilão, mas, às costas dele, acena um lenço branco para pedir ao herói que a salve."

Para chegar a qualquer meta, deve existir comprometimento consciente e inconsciente de tudo que se é, com a dedicação do esforço para se atingir o alvo. É preciso haver harmonia, energia

[14]Dora Albert, *You Are Better Than You Think* (Você É Melhor do Que Imagina) (Englewood Cliffs, N.J.: Prentice-Hall, Inc., 1957), pág. 193.

e unidade de propósito, se você quiser alcançar o objetivo. Dora Albert oferece um plano simples para a consecução de objetivos:

"(1) Descubra qual é o seu objetivo inconsciente, estudando o que conseguiu até o presente.

(2) Verifique onde há correspondência entre o seu objetivo inconsciente e o que você faz. Por exemplo, se o seu objetivo é triunfar e você está bebendo tanto que vai em direção ao fracasso, a quem está enganando?

(3) Imagine-se trabalhando com êxito e alcançando a sua meta.

(4) Escreva um resumo para si mesmo dizendo-se quais medidas, precisamente, devem ser tomadas para alcançar o seu objetivo. Se necessitar de mais estudo para fazê-lo, especifique que tipo de estudo. E planeje como obtê-lo.

(5) Escreva uma carta ou dê um telefonema como uma primeira providência no sentido de conseguir o que deseja.

(6) Inclua recreação e divertimento em seus planos. Programe uma atividade recreativa saudável pelo menos uma vez por semana.

(7) Assegure-se de que os seus objetivos se harmonizam com o seu amor-próprio. Se você tiver de prejudicar alguém para conseguir o que quer, não se sentirá feliz ao fazê-lo.

(8) Assegure-se de que o seu objetivo representa algo que deseja e não apenas o que pensa que deve fazer. Não importa o que achem seus pais ou amigos; você deverá consultar o próprio coração e a mente."[15] É um excelente conselho. Ouça-o. Siga o exemplo de outros, e também poderá ser maravilhosamente bem-sucedido.

Cinco por Cento Sobressaem

Nos Estados Unidos somente um entre cada 1.220 contribuintes do imposto de renda é milionário; um entre cada 144 contribuin-

[15] Albert, ibid., págs. 195-198.

tes ganha de 25.000 a 50.000 dólares por ano; uma família entre cada 19 ganha 10.000 dólares por ano, o que equivale a cerca de 5%. Isso significa que 95% das pessoas ganham menos de 10.000 dólares por ano. Se você for negativista, dirá que o motivo para não estar naquele grupo especial de uma em cada 19 é faltar-lhe instrução, não ter estado no lugar certo na hora certa, não haver contado com o pistolão correto, não ter se casado com mulher rica, ou qualquer outra desculpa. Não se esqueça das palavras de Andrew Carnegie: "Ninguém fica rico sem enriquecer os outros." Foi assim que ele ganhou 500.000.000 de dólares. Conseguiu-o abaixando o preço do aço de 160 para 20 dólares por tonelada. Beneficiou todos os americanos.

Sim, se você está na categoria dos 95%, é porque não fixou uma meta. Ponho em dúvida o fato de se estabelecer um objetivo somente em função de dinheiro. A meta deverá ser prestar um serviço maior do que o prestado por outro. Se você o fizer, o dinheiro virá rolando.

Disse Emerson: "Se um homem tem bom milho, madeira, pranchas, porcos para vender, se puder fazer melhores cadeiras, facas, ou órgãos de igreja do que qualquer outra pessoa, você encontrará um caminho amplo e muito utilizado até a casa dele, mesmo que esta fique na floresta."

Já ouviu o disco de Charles M. Simmons, *A Chave Mágica*? Simmons dá ali alguns conselhos úteis:

I. Pergunte-se: "O que quero realizar hoje?" A maioria das pessoas nunca se pergunta isso. Pessoas que fracassam jamais fazem planos. Lembre-se de que nada se dinamiza antes de se tornar específico.

II. Pergunte-se: "Quão intenso é o meu desejo?"
   A. Você acorda cedo?
   B. Você escreverá ou telefonará para dez pessoas hoje?
   C. Você organizará um plano prévio para ter entusiasmo, mesmo sem o sentir?
   D. Por que não levar consigo uma nota de cem dólares?

Isso lhe dará uma consciência do dinheiro e uma sensação de sucesso.

E. Você compra e usa roupas de boa qualidade? Vale a pena. De 96 a 98% do corpo são cobertos pela roupa. A roupa faz o homem, na verdade.

F. Você costuma ler livros bons e inspiradores? O melhor, é claro, é a Bíblia.

G. Aos domingos, vá à Igreja com a família. Faça disso um hábito familiar.

H. Procure servir ao seu cliente melhor do que o faria qualquer outra pessoa.

III. Pergunte-se: "Qual é o meu prazo?" Estabeleça um limite de tempo para alcançar os seus objetivos a longo prazo. Faça um cheque em seu próprio favor, atribuindo-se uma certa quantia em certo tempo. E espere descontá-lo.

IV. Pergunte-se: "Qual o meu plano de ação, exatamente?" E também: "Como começo?" "Como faço?"

Esse bom conselho fará de você um homem dinâmico. Desafio-o a segui-lo.

Cinco Sugestões Para o Êxito

(1) Pague o preço. Os resultados que obtemos são diretamente proporcionais ao esforço que despendemos. Devemos compreender que colhemos conforme semeamos.

(2) Você tem imaginação? Pode se ver conquistando todo o objetivo a que se propôs?

(3) Tenha coragem. Seja positivo com relação à sua meta. Recuse-se a admitir qualquer possibilidade de fracasso.

(4) Economize 10% do que ganha. Faça de seu dinheiro um escravo que trabalha para você.

(5) Ação. O alcance do sucesso depende de ação imediata e

dinâmica. É um trabalho em função de objetivos estabelecidos.

9. As Vantagens das Metas

A SUA CHAVE de hoje para o êxito pessoal é compreender as vantagens das metas. Você pode ser bem-sucedido.

Segundo o moralista francês Jean de la Bruyère: "Neste mundo existem somente duas maneiras de progredir — pelo esforço próprio ou graças à imbecilidade dos outros." Você poderá chegar ao objetivo por este último meio, porém não será bem-sucedido, pois o êxito consiste na consecução permanente de uma meta que constitua um desafio e tenha valor. A maior vantagem de um objetivo dinâmico é que possibilita o emprego, para consegui-lo, de toda a capacidade da sua inteligência, poder mental e potencialidades.

A Meta da Felicidade

Uma das grandes vantagens das metas é a felicidade pessoal. A vida é muito curta para que se seja infeliz. Mas somente se é feliz quando se está conquistando um objetivo meritório, desafiador. E lembre-se de que a meta não pode ser egoísta nem voltada para o mal. Um objetivo meritório lhe será benéfico, assim como vantajoso para a sua família, a sua comunidade, a sua igreja, a sociedade em que vive, e até o seu país. Como se vê, a capacidade pessoal está intimamente relacionada com os desejos pessoais. Quem desejar pouco utilizará pouco de sua capacidade. Quem são os grandes atletas? São os que se esforçaram ao máximo, como Leroy Jordan, famoso jogador de futebol americano, do Estado de Alabama, que se fez incluir na seleção dos Estados Unidos na temporada de outono de 1962. Embora fosse menor e menos pesado do que muitos outros atacantes que jogavam pelas universidades, ele compensava com a sua força de vontade, dedicação e determinação o que lhe faltava em peso e habilidade natural. Queria jogar futebol americano e dedicou-se a esse propósito, em vez de dissipar a sua capacidade numa centena de atividades indeterminadas. Eu o vi jogar na Copa Orange em 1º de janeiro de 1963. Era um exemplo de formidável dedicação a um objetivo. Lembra-se daquele atleta do curso ginasial, seu conhecido, que tinha tanto jeito? Onde está hoje? Perdido no lodaçal da mediocridade. Não tinha um objetivo. Toda aquela habilidade foi desperdiçada. Sem determinação, não há objetivo.

Recorda-se de quando você era jovem e costumava ouvir que as pessoas ricas não eram felizes? Que somente os pobres o eram? Você acredita nisso? Isso é verdade? Marco Antônio observou: "Nenhum homem é feliz se não se crê feliz." Um indivíduo pode ter muitos bens e ser miserável. Alguém assim não é bem-sucedido. Mas quem se impôs a consecução de um objetivo dinâmico é feliz porque está constantemente obtendo essa meta digna e desafiadora. E isso, por si só, produz felicidade e paz interior. Santo Agostinho disse: "A felicidade advém da satisfação de nossos desejos e de somente termos bons desejos."

O Fracasso Entristece

"Os homens, em média, terão sentimentos gentis ou hostis uns para com os outros, segundo se considerarem bem ou malsucedidos na vida." (Bertrand Russell)

"É falsa a idéia de que o êxito perverte as pessoas, fazendo-as vaidosas, egoístas e complacentes consigo; ao contrário, o sucesso faz com que a maioria delas passe a ser humilde, tolerante e amável. O fracasso torna as pessoas amargas e cruéis." (W. Somerset Maugham)

Alguém pode possuir cem milhões de dólares e ser um

fracassado. A viúva que fixar como seu objetivo proporcionar ao filho a melhor educação possível e a melhor formação de caráter pode morrer na miséria mas legar uma influência imortal. Este é o verdadeiro sucesso — a permanente consecução de um objetivo meritório e desafiador.

O Entusiasmo Decorrente do Objetivo

Como tão bem esclarece Dale Carnegie: "Se deseja ser feliz, estabeleça um objetivo que ocupe os seus pensamentos, libere as suas energias e inspire as suas esperanças. A felicidade está em você. Ela aparece quando se faz algo com toda a inteligência e energia. Se quer ser feliz, procure um objetivo que esteja fora de si próprio."

O único modo de destruir uma idéia má é usar uma idéia melhor. Há pessoas que se determinaram a nos destruir. Kruschev disse: "Enterraremos vocês." O prazo que se impuseram foi 1973, e muita gente acha que estão adiantados em seu programa. J. Frederic Dewhurst assinala em seu livro *America's Needs and Resources*: "De todos os grandes países, o que com mais firmeza segue os princípios da economia capitalista baseada na empresa privada é o que mais se aproxima do objetivo socialista de distribuir riquezas a todos os indivíduos numa sociedade sem classes."

Um fato interessante do mundo atual é que nos Estados Unidos de hoje encontra-se o mais puro exemplo do que as filosofias comunistas procuram proporcionar. Cerca de 7% da população vive no campo e produz alimentos para os restantes 93%, ao passo que na União Soviética 46% vivem no campo, produzindo ineficientemente alimentos para o total da população. Além do mais, a enorme capacidade produtiva da indústria norte-americana proporciona ao trabalhador médio vantagens que o tornam rico em comparação com o que possuem 90% da população mundial. Menos de 5% da renda nacional dos Estados Unidos pertencem a cidadãos que ganham 50.000 dólares por ano ou mais. No capitalismo, temos dois dos mais preciosos bens do homem — a liberdade individual e a livre empresa, a busca de objetivos para beneficiar outros e para satisfazer as próprias necessidades.

Earl Nightingale conta a interessante história de um rei de um país europeu que, como experiência, prendeu numa jaula um indivíduo sem ambição, proporcionando-lhe uma boa cama e três refeições completas por dia. Durante três dias, o homem gritou:

— Deixem-me sair. Por que estou aqui? Não fiz nada errado!

O rei ia visitá-lo todos os dias e lhe dizia:

— Você não tem por que se preocupar. Tem aquecimento no inverno. Não tem problemas. Tem tudo de que necessita. Tem boa comida. O que mais quer?

E dia após dia satisfez todos os desejos razoáveis do indivíduo.

Por fim, passou um forasteiro, que disse:

— Oh, aquele pobre homem, preso numa jaula! Deve ser terrível!

A resposta do prisioneiro surpreendeu-o:

— Tenho tudo: três refeições completas por dia; nada mais para me preocupar sobre trabalho; estou seguro e protegido; segurança absoluta; tudo que quero tenho aqui mesmo.

Era um homem bem-sucedido? Desperdiçado, trágica e terrivelmente. Sem preocupações de família. Sem interesse por deixar um exemplo para influenciar e inspirar as gerações posteriores. Nenhuma contribuição para a satisfação das necessidades sociais e espirituais dos outros. Um escravo. Era só isso.

Quantas pessoas você conhece como essa que jamais aprenderam, muito menos aproveitaram, as vantagens de objetivos dinâmicos?

Providencie agora o estabelecimento de um objetivo a longo prazo. Você poderá ser bem-sucedido, mas não existe caminho fácil para o êxito dinâmico.

Henry Ward Beecher disse: "As vitórias baratas são baratas. Só valem a pena as que vêm depois de muita luta." Jamais esqueça estas palavras: "O que a inteligência pode conceber e acreditar ela pode conseguir."

Goethe, o filósofo alemão, afirmou: "Antes de fazer algo, é necessário ser algo." Em outras palavras, é preciso representar o seu papel.

(1) Fixe uma meta de cada vez — o objetivo que for mais importante naquele momento determinado.

(2) Pense nisso todo o tempo. Imagine-se alcançando o objetivo. Utilize os cinco sentidos para se concentrar totalmente na consecução do seu objetivo.

(3) Ponha o seu objetivo no subconsciente. Lembre-se de que o seu subconsciente recebe ordens. Ele é excepcionalmente criativo. Jamais repousa. Faça dele um escravo obediente que realiza o objetivo que você escolheu.

(4) Anote por escrito este objetivo, em linguagem simples e clara.

Não há qualquer dúvida de que você desejará comprar, ler e reler o livro de Napoleon Hill, *Think and Grow Rich* (Pense e Enriqueça). Hill diz que se deve anotar por escrito o objetivo, de maneira simples. Algo como: De 1º de janeiro de 1966 até 31 de dezembro de 1970, ganharei 250.000 dólares. Em troca desse dinheiro, serei completamente leal à minha firma, totalmente fiel à minha família, dedicado a servir a Deus através da minha religião e levarei a cabo o melhor programa possível para o meu aperfeiçoamento individual. Uma meta como essa fará de você um homem dinâmico. Você pode ser bem-sucedido.

Poderá estabelecer um programa de 10 anos, depois dividi-lo em frações de cinco anos. De qualquer modo, parcele-o em períodos de um ano, verifique-o mensalmente, faça planejamentos semanais e programas de aperfeiçoamento também semanais. Você pode ser melhor do que pensa. Tudo depende de você. Geralmente as pessoas utilizam apenas 10% de seu poder mental. Gastam-se inutilmente muitas horas do dia. Desperdiça-se em preocupações tanta energia improdutivamente pela única razão de não se fazer um planejamento a partir da fixação de um objetivo dinâmico a atingir.

Sim, você *pode* ser bem-sucedido. Você *pode* fazer muito, através da persistente consecução de uma meta de valor. A sua chave para o sucesso pessoal é a fixação de objetivos, mas é preciso agir logo.

Exercício: As Metas Podem Transformar Sua Vida

Metas, os marcos em que se deve testar o seu caminho em direção ao sucesso:

1. Em que data você espera atingir a determinação que se propôs antes?

2. Faça uma relação das mudanças de atitude, comportamento, hábitos e relacionamentos necessários para a consecução dessa meta.

   A.

   B.

   C.

   D.

3. Parcele os seus objetivos em segmentos anuais, do presente até a sua consecução.

4. Faça uma revisão dessas metas juntamente com a sua equipe de trabalho ou familiar, de maneira a angariar a sua cooperação integral.

5. Comprometa-se à consecução desses objetivos resolutamente, imprimindo-os em papéis emoldurados e pendurando-os na parede de seu escritório, em agendas ou outros lugares que você veja diariamente. Serão símbolos que o estimularão a trabalhar com diligência.

Seção III

A IMAGINAÇÃO

10. A Imaginação Ativa

JOHN MANSFIELD disse: "O corpo do homem tem defeitos, a sua inteligência não é digna de confiança, mas a sua imaginação o torna admirável." A sua chave de hoje para o sucesso pessoal é a imaginação, o poder e a motivação de uma inteligência magnífica, que se sobrepuja, escalando alturas jamais antes visualizadas. A imaginação ativa procura a solução ideal para os problemas da vida e os seus objetivos. Transforma o que encontra, seleciona as informações obtidas e produz os melhores resultados.

Dois diretores de universidades americanas, o Dr. Donald Cowling e o Dr. Carter Davidson, dizem que são estas as funções da inteligência imaginativa e criadora: (1) Habilidade para a concentração. (2) Acuidade na observação. (3) Boa memória. (4) Raciocínio lógico. (5) Bom senso. (6) Sensibilidade para a associação de idéias. (7) Imaginação criativa.[16]

Os Sete Passos da Imaginação

No livro *Applied Imagination*, Osborn[17] resume os sete passos da imaginação criativa e produtiva. (1) Orientação; localização do problema. (2) Preparação; coleta dos dados pertinentes. (3) Análise; divisão da matéria relevante. (4) Ideação; coleta de idéias alternativas. (5) Incubação; afloramento de idéias para

[16] *Our Changing World* (Nosso Mundo em Mudança), nº 891.

[17] Alex Osborn, *Applied Imagination* (A Imaginação Aplicada) Nova York: Charles Scribner's Sons, 1953), pág. 115.

facilitar o esclarecimento. (6) Síntese; reunião das partes. (7) Avaliação; verificação do valor das idéias produzidas.

O Dr. Maxwell Maltz observa em seu livro *Psycho-Cybernetics:* "A Imaginação Criativa não é exclusiva dos poetas, filósofos e inventores; ela participa de todos os nossos atos, já que estabelece o objetivo, o quadro no qual atua o nosso mecanismo automático. Não agimos ou deixamos de agir em função da vontade, e sim em função da imaginação."

"O ser humano atua e sente sempre de acordo com o que imagina ser a verdade a respeito de si e do ambiente em que vive."[18]

"Se não fosse o esforço criativo, lento, difícil e permanentemente desencorajador", disse James Harvey Robinson, "o homem seria apenas um tipo de primata que se alimentaria de sementes, frutas, raízes e carne crua."

A Imaginação Criadora

"Foi a imaginação", afirmou Victor Wagner, "que possibilitou ao homem prolongar o seu polegar através da invenção do torno de bancada, fortalecer o pulso e o braço com a invenção do martelo. Passo a passo, a imaginação do homem seduziu-o, conduziu-o e com freqüência impulsionou-o às culminâncias de poder que ele hoje compreensivelmente ocupa."

Um Homem Imaginativo

Um dos empresários norte-americanos realmente imaginativos é Joseph Treadwell, que, em 1956, aos 32 anos de idade, tornou-se proprietário e gerente da Agência Ford Treadwell, representante da empresa Ford na cidade de Mobile, no Estado

[18] Maltz, ibid., pág. 28.

do Alabama. Usando sua imaginação criadora, Treadwell conseguiu aumentar consideravelmente o volume de suas operações comerciais. Todos os anos, uma árvore de Natal é montada no salão de vendas de sua firma, onde permanece em exibição durante os meses de novembro e dezembro. Cada pessoa que compra um carro marca Ford naquele período ganha um presente de Natal dentro de um saco, no qual, conforme anunciado por Treadwell, se encontra uma quantia de pelo menos 101 dólares, talvez 1.000 dólares ou um valor intermediário. Pode-se imaginar que, pelo Natal, uma pessoa sem grandes recursos prefira comprar um novo automóvel Ford em condições que lhe garantam pelo menos 101 dólares para outros gastos.

Em outras oportunidades, ele presenteou cada comprador de um novo automóvel com uma viagem de três dias e duas noites a Gatlinburg, nas Smoky Mountains, no leste do Estado de Tennessee, ou uma viagem de três dias e duas noites a Miami, com todas as despesas pagas. Também já usou o recurso de colocar em cada carro vendido um barril de gasolina, o que equivale a 210 litros de combustível. Outras vezes, usando o carro funerário preto que comprara, levava todos os seus vendedores a centros comerciais, onde eles colocavam nos pára-brisas dos automóveis estacionados cartões com os seguintes dizeres: "Você deseja (uma determinada quantia)?"

De outra feita, Treadwell lançou a seguinte campanha de propaganda: "Compre um Ford do homem do paletó vermelho." E todos os seus vendedores passaram a usar paletó, chapéu e bengala vermelhos. Em outras ocasiões, providenciava 50 carretas — cada uma com quatro, cinco ou seis Fords, todos apresentando grandes cartazes: "Compre na Agência Ford de Treadwell. Eu estou indo para a Agência Treadwell." Imagine 50 carretas cheias de Fords, precedidas de uma escolta de motocicletas da polícia, cruzando as ruas da cidade de Mobile. Treadwell também promoveu gigantescos banquetes de peixe frito, para os quais convidava o público.

Numa plataforma colocada em lugar muito freqüentado da cidade de Mobile, ele estacionou um Ford último tipo e contratou uma modelo, ganhando 100 dólares por semana e trabalhando três horas pela manhã e outro tanto pela tarde. A moça ficava sentada no carro ou de pé ao lado dele, acenando para quem passava.

De outra feita, ele pôs um jarro no salão de vendas da agência, e todas as vezes que surpreendia um vendedor sem sorrir, fazia-o colocar pelo menos 10 centavos no vaso.

Momentos de Meditação

Muita gente pergunta: "É bom ter idéias? Não são todas sonhos?"

Samuel Johnson disse: "Muitos têm os seus momentos mais felizes quando estão sós, entregues à própria imaginação, que às vezes lhes atribui poder e eminência, muda a fonte do prazer com incessante variedade, colocando-lhes à disposição tudo que é belo e saturando-os com todo tipo de luxo visionário." Mas será isso a imaginação? Acho que não. São, na verdade, sonhos de imaginação criativa. A imaginação produtiva, porém, proporciona o alimento que move o mecanismo da realidade.

"A imaginação dirige o mundo." (Napoleão)

"A imaginação é mais importante que o conhecimento." (Albert Einstein)

"A imaginação torna o homem o senhor dos animais." (Shakespeare)

"A imaginação governa o mundo." (Disraeli)

Estudaremos melhor essa força dinâmica da plenitude da vida adiante.

11. A Imaginação Definida

A SUA CHAVE para o sucesso pessoal é a imaginação. O que é a imaginação? Estamos estudando como você pode ser um indivíduo imaginativo, dinâmico e eminente.

Creio que a melhor definição do que é a imaginação foi dada por Dugald Stewart: "A capacidade de imaginação é a grande força propulsora da atividade humana e a principal fonte de aperfeiçoamento do homem. Como apresenta à nossa mente cenas e personagens mais perfeitos do que aqueles com os quais estamos acostumados, impede-nos de ficar completamente satisfeitos com a nossa situação atual e com as nossas realizações do passado, e nos leva sempre à procura de algum novo prazer ou ideal. Se essa capacidade for destruída, o homem se tornará tão estacionário quanto os animais irracionais." E o bardo de Stratford on Avon, William Shakespeare, sentenciou: "E os olhos do poeta, num frenesi extasiado, descem do céu para a terra e sobem da terra para o céu; e à medida que a imaginação apresenta coisas desconhecidas, a pena do poeta dá-lhes formas, e dá ao nada lugares para ficar, lares e nomes. Tais artifícios têm a imaginação poderosa..."

Três Regras de Associação

A chave para a imaginação criativa é a associação. Em seu livro *Applied Imagination*, o Dr. Alex Osborn diz que a associação é regulada por três normas reveladas pelos gregos:[19] (1) contigüidade; (2) similaridade; (3) contraste.

Contigüidade significa proximidade; por exemplo, um sapato de criança faz-nos lembrar uma criança. Significa toque, contato, ou muita proximidade sem contato efetivo. Por exem-

[19] Osborn, ibid., págs. 110-112.

plo, um ditafone me lembra a palavra "executivo", mais especificamente "executivo bem-sucedido", porque este preza o seu tempo e sabe que o uso do ditafone lhe permite maior produção.

Através da similaridade, a fotografia de um leão pode me trazer a imagem de um gato. A metáfora implica similaridade. As alegorias, fábulas e parábolas têm por base a similaridade. Por exemplo, uma criança feliz faz lembrar um lar ou pai e mãe, mas também pode sugerir uma nova oportunidade, como a que vem com um novo ano.

Por meio do contraste se produz a associação. Por exemplo, um anão pode fazer lembrar um gigante, e um pária, um milionário.

Associação Auditiva

A associação também pode se fazer através do som. A canção *A Pretty Girl Is Like a Melody* recorda-me uma bonita gravação dessa canção com uma soprano, tocada por mim em numerosas oportunidades quando trabalhei como *disc jockey* para a estação de rádio das forças armadas dos Estados Unidos, na cidade de Tsingtao, na China, logo depois da Segunda Guerra Mundial. Era a canção mais popular entre fuzileiros e marinheiros.

É lógico que a combinação de idéias é a essência da criatividade. Disse o Dr. Easton: "Um pensador criativo não descobre novas idéias. O que faz é descobrir novas combinações de idéias que já estão na sua cabeça."

Nosso comportamento através da vida resulta de associações com convicções, idéias e crenças anteriores. Por exemplo, Cecil B. de Mille, que produziu tantos grandes filmes bíblicos, declarou: "Não tenho dúvidas de que a animada leitura de histórias bíblicas por meu pai implantou em minha mente impressionável a reverência e o respeito pela Bíblia, talvez até uma compreensão de seu valor dramático, o que, anos depois, fez-me recorrer ao Grande Livro para buscar temas de sensação para as platéias cinematográficas." Quantas vezes você já esteve conversando com alguém que subitamente exclamou: "Ei, isso me dá uma idéia!"?

Muitas vezes, meus momentos mais criativos ocorreram enquanto eu ouvia outras pessoas falarem. Tenho como regra nunca ir a convenções, igrejas e reuniões cívicas sem levar um bloco de anotações, porque freqüentemente tenho idéias provocadas pelo que é dito nesses locais. "As idéias são coisas fugazes. O que agora lhe parece perfeitamente claro pode mais tarde escapar-lhe. Habitue-se a anotar as idéias quando elas lhe ocorrerem. Embora muitas delas não sejam aproveitadas, poderão sugerir-lhe outros pensamentos." (Daymon Aiken)

12. Estimulação Mental

A SUA CHAVE para o sucesso pessoal é a imaginação, que se desenvolve através da estimulação mental. Esta consiste apenas no emprego do poder mental de um grupo coeso para enfrentar um problema. Apresenta um duplo valor: (1) estimula automaticamente a própria imaginação individual; (2) estimula a energia global de todos os componentes do grupo. Faz aflorar o que têm de melhor. Desafia-os a raciocinar criativamente.

"Quando uma sessão de estimulação mental realmente funciona, a centelha de uma inteligência acenderá uma porção de idéias da maior importância em outras pessoas, tal como uma seqüência de fogos de artifício." (Fred Sharpe)

Os resultados da estimulação mental são realmente maravilhosos. O Departamento do Tesouro Federal dos Estados Unidos obteve, em 40 minutos, 103 boas idéias a respeito do assunto "Como poderemos conseguir que maior número de funcionários públicos venda mais títulos do Governo dos Estados Unidos?" Receberam-se, em 30 minutos, 89 idéias sobre "Como reduzir as faltas". De acordo com a minha experiência, com freqüência obtêm-se os melhores resultados em períodos de tempo mais curtos. Às vezes, as sessões arrefecem depois de 15, 20 minutos. O que se deve fazer então é descansar um pouco para depois retornar às discussões, ou partir para um novo problema.

Em que se fundamenta a estimulação mental? Segundo Alex Osborn,[20] a concepção de idéias será mais produtiva se não houver uma crítica simultânea. Não se deve enfraquecer qualquer idéia criativa. Se você interromper o seu raciocínio criativo para criticar a idéia de outro indivíduo, deixará de lado a sua própria iniciativa e criatividade. Ademais, interrompe-se o pensamento positivo de todo o grupo. E também aparecerão a hostilidade e a divisão no grupo. Não se deverá admitir a condenação de idéias.

"Se você tentar fazer fluir, ao mesmo tempo, água quente e fria de uma só torneira, obterá apenas água morna. E se quiser simultaneamente criar e criticar, não conseguirá boas críticas nem boas idéias. Eliminemos a crítica durante as sessões de estimulação mental." (Alex Osborn)

Liberdade de Pensamento

A segunda regra básica da estimulação mental é a de que se deve acolher favoravelmente a liberdade de pensamento — quanto mais revolucionárias forem as idéias, melhor. A sua idéia louca pode provocar uma resposta imediata, uma idéia construtiva de alguma outra pessoa. Lembre-se de que é mais fácil simplificar uma idéia do que fazê-la brotar. Deixe aflorarem as idéias loucas e diga a primeira coisa que lhe vier à cabeça. Pode ser uma idéia preciosa.

[20]Osborn, ibid., págs. 156-158.

Quanto Mais, Melhor

A quantidade é importante. Quanto mais idéias, melhor. Quanto mais elevado o número, maiores as probabilidades de aparecer uma idéia vitoriosa. Averiguou-se que as 50 últimas idéias de uma sessão de estimulação mental são, em média, de melhor qualidade do que as 50 primeiras. A quantidade produz a qualidade.

O Poder Criador

A quarta regra é uma combinação: o progresso é resultado da estimulação mental. Os outros participantes podem aperfeiçoar a sua idéia, dando lugar a uma sugestão muito melhor. Recorde-se: a formação de idéias por um grupo é bem mais produtiva do que a individual.

Lembre-se também de que a estimulação mental é divertida. Dois fatores devem reger o êxito de um grupo de estimulação mental: (1) o número de boas idéias que se obtêm; (2) o divertimento do grupo. A boa estimulação mental é realmente uma atividade agradável. Se é feita durante o expediente de trabalho, você verificará que as pessoas poderão sentir-se preocupadas com o fato de estarem sendo pagas para se divertir. Que mal há nisso?

Em dezenas de experiências de estimulação mental em grupos de pessoas que freqüentam a mesma igreja, grupos econômicos e grupos sociais, verifiquei que o sucesso depende do líder. A experiência será vitoriosa e muito interessante se o líder apresentar uma idéia positiva, fizer respeitar as regras da estimulação mental, estabelecer um limite de tempo para a atividade, parar ao fim desse tempo, e lhe der características de um jogo, de uma atividade divertida, sem deixar que as pessoas fiquem cansadas, parem ou tratem de outros assuntos.

Deixe o Julgamento das Idéias Para Depois

Ao lhe serem apresentadas idéias, não as qualifique ou julgue. Deixe que uma equipe ou alguém o faça posteriormente. Você poderá utilizar um ditafone, um gravador ou uma secretária que anote as idéias taquigraficamente. Assegure-se de registrar todas as idéias. O que em certo momento parece não ter importância poderá ter valor no futuro.

A imaginação é uma mina de ouro. Tanto melhor se você tiver numerosas minas de ouro trabalhando para você! Abra o seu caminho para o sucesso empregando a estimulação da mente.

13. O Lazer Criativo

A SUA CHAVE de hoje para o sucesso pessoal é a imaginação, que se comporta melhor quando está em repouso. Num teste realizado com 702 pessoas, verificou-se que as mulheres são 25% mais criativas do que os homens. Por que isso acontece? Não será por essa mesma razão que as mulheres vivem mais? Elas são mais criativas e vivem mais porque quebram as tensões do dia com atividades de lazer. Não trabalham com o mesmo frenesi de um funcionário de escritório, um pedreiro ou um vendedor; portanto, descansam mais fisicamente e suas mentes são produtivas e criativas.

A Criatividade no Lazer

Quantas vezes a solução de um problema de trabalho não lhe ocorre quando você está praticando um esporte, por exemplo? Quantas vezes você está dirigindo seu carro por uma estrada e de repente encontra solução para algo? Sua mente consciente não parava de dizer à sua mente subconsciente que você tinha um problema; assim, o seu subconsciente procurava a solução para este impasse. No lazer, quando se relaxa a intensidade do esforço consciente, a mente subconsciente toma conta. Então, quando você está pronto para ouvir a mente subconsciente, de repente a idéia é conscientemente colocada diante de você.

Sua Estufa de Idéias

A palavra incubação indica uma descontração intencional. Na medicina, refere-se à fase no desenvolvimento de uma doença infecciosa entre a infecção e o primeiro sintoma. Na imaginação, significa o ambiente descontraído em que permitimos que nosso subconsciente traga ao consciente a solução dos nossos problemas.

O Dr. Hornall Hart, professor da Universidade de Duke, diz: "Ouçam a sua intuição. Eu ouço até a de minha mulher, que é melhor do que a minha." Quando estamos descontraídos, esses lampejos nos chegam aparentemente do nada, mas na verdade são a reação da mente criativa. Não são apenas fenômenos estranhos, a serem examinados como simples curiosidade. Quando nossos organismos estão descontraídos, esses lampejos se apresentam diante de nós com maior facilidade.

Harry Hepner, professor de psicologia da Universidade de Siracusa, observa: "Uma boa idéia aparentemente vem do nada... Se não tomarmos conhecimento do lampejo nem o seguirmos, poderemos ter o desgosto de não poder fazê-lo depois." Ralph Waldo Emerson encoraja-nos: "Prestem bem atenção aos seus pensamentos. Eles surgem espontaneamente, e se vocês se voltarem a suas tarefas habituais, desaparecem."

Minha experiência pessoal revela que muitas vezes um pensamento, uma idéia ou uma mensagem, uma preleção ou um sermão me vêm de repente, espontaneamente. Tenho sempre à mão um bloco de notas, onde registro esses pensamentos. Num momento de lazer, surge novamente mais um aspecto do pensamento, aqui uma ilustração, ali uma anedota, e o corpo da mensagem aparece. Isso é a incubação.

Deixe Que Fervilhe

Edna Ferber escreveu: "Uma história deve fervilhar em seu próprio caldo durante meses ou mesmo anos, até estar prontra para ser servida." Constance Robertson observou: "Verifiquei que vale a pena manter em suspenso um enredo, sem me preocupar com ele, ou forçá-lo. No momento certo, entro numa prolongada calmaria. Depois ataco a minha máquina de escrever e escrevo o que me ocorrer. Então, a minha história parece desenrolar-se da maneira mais extraordinária." Era esse o segredo de Edison. Ele trabalhava durante dias seguidos, sem sequer ir a casa para dormir, mas pouca gente sabia que havia um sofá no seu escritório, onde ele cochilava de vez em quando. Era ali que a maioria de suas idéias mais notáveis lhe ocorria.

Lowell Thomas recomenda uma lição de ioga que exige um período deliberado e continuado de silêncio — apenas uma hora de silêncio, sentado parado, sem ler nem olhar para nada em especial.

Além disso, seja aberto a sugestões. Passe de uma idéia a outra. Verá que as idéias realmente notáveis lhe voltarão esporadicamente.

Um momento de ideação importante é o culto. Quando ouço a mensagem do ministro, seja na convenção ou na igreja, encontro algumas soluções assombrosas e aparentemente milagrosas para problemas com que me defrontara antes.

O Dr. Norman Vincent Peale declara que, para a meditação criativa, "não há nada como as montanhas cobertas de paz, com seus vales pensativos, profundos e banhados de sol. Ali, nossas mentes se limpam e recuperamos a capacidade de pensar criativamente".

Naturalmente, a melhor ideação criativa se dá durante períodos de repouso seguindo-se ao trabalho consciente.

Acrescente Anos à Sua Vida

Além disso, um valor positivo de ideação do lazer é o de prolongar a sua vida. Um estudo recente na Universidade de Chicago revela que os homens que pensam de maneira criativa continuam realmente jovens aos 50 anos e parecem custar a envelhecer, enquanto que os trabalhadores braçais envelhecem rapidamente.

Portanto, você deve plantar, com um esforço consciente, as sementes do saber, da sugestão, da informação, dos fatos, e confiar no poder fabuloso de sua mente criativa, que lhe dará a solução durante a ideação do lazer. Largue a sua mesa de trabalho. Vá jogar um pouco de tênis ou pescar. Trabalhe no seu jardim. Afaste-se do que é monótono e aproveite a vida. Ao fazer isso, você não estará desperdiçando o tempo; estará usando-o da melhor maneira possível.

14. Entraves à Imaginação

A SUA CHAVE para o sucesso pessoal é a imaginação. Você pode se tornar uma pessoa imaginosa e criativa. Battista Grassi, zoólogo italiano, dividiu a espécie humana em três categorias: (1) Os que trabalham com a mente. (2) Os que fingem fazê-lo. (3) Os que não o fazem. "A não ser que estejam na primeira categoria", disse Grassi, "provavelmente não conseguirão a energia para fazer as coisas que precisam fazer aproveitando ao máximo a imaginação."

Os Devaneios São um Perigo

O primeiro obstáculo é o devaneio, isto é, a fantasia vã e sem propósito. Sonhos sem raízes, sonhos sem conexão com o real são obstáculos. Os sonhos realmente criativos são a solução de nossas aspirações e objetivos na vida.

Freud disse: "Toda neurose tem o efeito, e portanto provavelmente o propósito, de forçar o paciente a sair do real, alienando-o da realidade." É esta, portanto, a falha dos devaneios que não têm raízes ou propósito, plano ou meta na vida. Destroem em vez de construir.

James Russell Lowell concluiu: "A solidão é tão necessária à imaginação quanto a sociedade é saudável para o caráter." Não nos referimos à ideação do lazer que a solidão traz. Isso é maravilhosamente criativo. Referimo-nos ao devaneio irreal, nada prático e irracional que leva um indivíduo a fugir à realidade do propósito e que é realmente uma divisão do espírito.

O Filme Mórbido da Preocupação

O segundo obstáculo à imaginação é a preocupação. Esta é o Inimigo Público Nº 1. Há mais pessoas que foram, e continuam a ser, destruídas todos os anos pela preocupação do que por qualquer outra causa isolada. "Não podeis servir a Deus e à riqueza", ensina a Bíblia. Não se pode servir a dois senhores ao mesmo tempo. Tampouco você poderá ser um indivíduo entusiástico, vibrante, alerta e criativo se estiver saturado com o mal da preocupação. A preocupação é corrosiva, destruidora. O Dr. Harry Fosdick chamou-a de "medo angustiado": "A preocupação é como exibir filmes mórbidos em nossas mentes." Portanto, devemos trocar esses filmes por outros de propósito vibrante, de vida alegre, de esforço entusiástico, de determinação dinâmica, e assim destruiremos o entrave da preocupação.

Como Combater a Tristeza

A tristeza é o terceiro entrave à imaginação. Contam que um dia de manhã, ao café, uma senhora disse ao marido: "Estou na fossa. Acho que vou comprar um chapéu novo." O marido respondeu: "Então você acha que assim vai resolver sua fossa?"

Estudos científicos recentes revelam que todos temos um máximo de intensidade emocional e um baixo nível de desânimo emocional em cada período de 30 dias. Se você permitir que a tristeza o domine, chegará uma ocasião em que entrará num período constante de 30 dias de depressão positiva e profunda. Há algumas coisas positivas que podemos fazer para vencer a tristeza. Tenho no meu escritório um toca-discos estereofônico. Quando me sinto desanimado, ouço música, com o volume bem alto, para que toda a vibração dos acordes expulse meus sentimentos de desespero, me levando à alegria plena. Tenho no meu carro um toca-fitas ligado ao rádio; quando não há músicas que me agradam no rádio, ouço *Music Man, South Pacific, Oklahoma,* peças clássicas e semiclássicas que me levam a picos emocionais. Outro meio de combater a preocupação é desfrutar da presença de pessoas animadas, vibrantes. Nós nos tornamos aquilo que são as pessoas com quem convivemos. Conviva com pessoas entusiastas e se tornará entusiástico.

Para vencer a preocupação, é útil passar algumas horas criativas com o seu passatempo favorito. Você verá que isso lhe dará novo espírito, nova visão, novo ponto de vista e o ajudará a livrar-se do terrível mal da preocupação. Faça da tristeza sua escrava, e não sua senhora.

Controle Total da Mente

Os maus pensamentos são o quarto entrave à imaginação. Charles Haddon Spurgeon disse: "Uma imaginação perversa, uma vez libertada, obtém a chave de nossas mentes, e pode tornar a entrar com facilidade, quer o desejemos ou não, trazendo consigo mais sete espíritos ainda mais perversos do que ela: o que pode advir daí, ninguém sabe." F.W. Robertson, grande clérigo inglês, afirmou: "A imaginação enobrece os apetites que em si são baixos e espiritualiza atos que, sem ela, são apenas animalescos... Mas os prazeres que se iniciam nos sentidos apenas sensualizam."

Há apenas um princípio com que concordam os filósofos de todos os tempos: "Nós nos tornamos aquilo em que pensamos." "Aquilo que o homem pensa em seu íntimo é o que se tornará." Mostre-me o que um homem está pensando e eu lhe direi onde ele estará dentro de alguns anos. Nossos sentidos devem ser os servos e escravos que nos conduzem ao sucesso notável. O ser mais bem-sucedido é o que realiza um grande serviço para a humanidade. Não faça dos sentidos o seu deus. Faça do serviço a Deus e à humanidade a sua determinação, e então terá realmente começado a viver.

Vença os entraves à imaginação. Seja senhor de si. Não permita que os devaneios, a preocupação, a tristeza e os maus pensamentos o levem ao desespero. Você pode ter sucesso. Que isso se dê hoje.

15. Desenvolvendo a Imaginação

A SUA CHAVE para o sucesso pessoal é a imaginação. Como obter uma mente imaginativa? Você pode ter sucesso. Um dos melhores meios de desenvolver a imaginação é obrigar-se a trabalhar nesse sentido. Quando perguntaram a George Meyer como compusera a canção *For Me and My Gal*, ele retrucou: "Apenas sentei-me e comecei a trabalhar." Clarence Budlington Kelland, fecundo autor de ficção, confessa que produziria pouca coisa se não se obrigasse a trabalhar todas as manhãs logo depois do café.

Eis duas maneiras de começar:

(1) Concentre-se. Focalize a sua energia psíquica num objetivo. Escreva o seu propósito. Intensifique seus esforços nesse sentido. Concentre sobre esse propósito todo o poder, a expe-

riência, o ambiente, os fatos e o conhecimento que puder acumular. Medite bastante sobre isso.

(2) Depois junte-se com um grupo compatível e colabore com outros que o ajudarão a realizá-lo. Um grande homem sente prazer em ajudar os outros. Quanto mais sucesso tiver um homem, mais ajudará os outros, pois quer partilhar seus conhecimentos, especialmente com os jovens. Portanto, procure as pessoas importantes à sua volta. Busque o conhecimento delas, seu meio e experiência. Peça-lhes que o ajudem a conseguir esse objetivo. Você ficará assombrado ao ver como reagirão prontamente.

Em seu livro *How To Win Success Before Forty,* Damroth nos diz como fazer com que as idéias sejam lucrativas.[21] (1) Temos de aplicar ao trabalho a capacidade de idéias. (2) Deixe que suas idéias corram livremente; explore-as. (3) Concentre-se na grande idéia. (4) Não desista até que sua idéia se torne uma realidade. Fique com ela.

Faça de Seus Estados de Espírito Servos

Alex Osborn diz que é necessário estabelecer um estado de espírito ideal para o trabalho. Mesmo a autoconfiança pode ser induzida, até certo ponto, pela própria pessoa. Assim como um jogador de beisebol balança o bastão duas vezes antes de se colocar no quadrado do batedor, devemos flexionar a nossa imaginação ao abordar um trabalho criativo. Osborn fala do publicitário Allen Ward, que consegue resultados assombrosos em matéria de ideação. Vejam a fórmula de Ward: "Não tenho um meio seguro de me desinibir para o pensamento criativo, mas verifiquei que uma boa maneira de me pôr num estado de espírito apropriado para o trabalho é fechar a porta e procurar esquecer tudo menos o

---

[21]William G. Damroth, *How To Win Success Before Forty* (Como Alcançar o Sucesso Antes dos Quarenta) (Englewood Cliffs, N.J.: Prentice Hall, Inc., 1956), pág. 91.

trabalho que tenho pela frente. Depois, me acerco da máquina de escrever, enrosco as pernas em volta dela e começo a redigir. Escrevo todas as linhas que me vêm à cabeça — por mais loucas, maçantes ou o que quer que pareçam. Verifico que se não fizer isso, elas podem ficar lá e bloquear as outras. Escrevo o mais depressa que posso. Depois de algum tempo, uns dentes da engrenagem, que não estava funcionando, começam a girar e alguma coisa interessante começa a ser escrita na folha amarela à minha frente, como uma mensagem telegráfica. Esse é um meio difícil, e praticamente o único que conheço."

Alguns dos maiores escritores do mundo são os que conheceram em primeira mão as experiências que narram. Hemingway por certo viveu suas experiências. Portanto, quanto mais variada a nossa experiência, mais vívida a nossa imaginação. Podemos ampliar essa imaginação, tornando-a uma experiência vivida através da leitura. Seja um leitor prolífico. Melhore a sua velocidade de leitura. O falecido presidente John F. Kennedy conseguia digerir uma quantidade imensa de relatórios porque lia 1.200 palavras por minuto. Ele tinha de fato aperfeiçoado sua velocidade de leitura até alcançar uma taxa fenomental. Leia biografias, fantasias construtivas e livros de fé e inspiração. Sobretudo, leia a Bíblia.

Represente o Seu Papel de Sucesso

Há outra forma de desenvolver a imaginação. Imagine-se no lugar de uma certa pessoa; por exemplo, o presidente dos Estados Unidos. Comece logo de manhã e imagine-se passando por todas as conferências, as reuniões, as atividades de conselho, todos os telefonemas e todas as responsabilidades diárias. Represente o papel dessa pessoa como se fosse ela própria.

Isso é especialmente útil se você trabalha como vendedor. Imagine-se no lugar do comprador que está visitando. Descubra os problemas que ele está enfrentando. Resolva servi-lo e à firma dele provando que você tem a solução. Então, você se torna o aliado, o melhor amigo, o sócio deste comprador; não é uma pessoa que luta pelo tempo dele, e sim aquele que está ali para ajudá-lo. Usando a imaginação, você se coloca no lugar de seu cliente.

Por fim, sugiro que você pratique os quadros mentais, para alcançar as metas imaginativas. Harry Emerson Fosdick disse: "Conserve em mente uma imagem de si, por muito tempo e com firmeza, e será atraído para ela. Se você acreditar que é um derrotado, a sua vitória será impossível. Imagine-se como vitorioso, e isso contribuirá imensamente para o sucesso. Uma vida importante começa com uma imagem, em sua mente, daquilo que você gostaria de fazer ou ser."

Um amigo meu de Missouri, vendedor de seguros, um dia será vice-presidente de sua companhia, conhecida em todo o país, ganhando 75.000 dólares por ano. Já está representando esse papel. Vem lançando mão de todos os meios possíveis para o seu aperfeiçoamento pessoal. Trabalha até tarde e com afinco. É um valioso membro da equipe. É inevitável que seja vice-presidente daquela firma, ou talvez até presidente.

Produzir o Nosso Próprio Filme e Estrelá-lo

Imagine-se sentado diante de uma grande tela de cinema. Você é o astro principal. Veja nessas imagens a projeção vívida e detalhada da pessoa que deseja tornar-se, conseguindo as próprias coisas com que sonha. Earl Nightingale diz que esse é um dos melhores meios de se emagrecer. Imagine-se esbelto, andando pela tela, com toda a vitalidade que pode ser sua. A cada dia, passe um determinado espaço de tempo, que deverá ser aumentado progressivamente, imaginando-se naquela tela de cinema como o indivíduo realmente bem-sucedido e dinâmico que deseja ser. Napoleão exercitou-se como soldado em sua imaginação por muitos anos antes de chegar a pisar num campo de batalha. Webb e Morgan, em seu livro *Making the Most of Your Life*, nos dizem: "As anotações que Napoleão fez de suas leituras nesse período de estudo, quando impressas, encheram

400 páginas. Ele se imaginou como comandante e traçou mapas da Córsega, mostrando onde colocaria várias defesas, fazendo todos os cálculos com uma precisão matemática."[22]

Conrad Hilton imaginou-se dirigindo um hotel muito antes de chegar a comprar um. Em menino, costumava brincar de ser gerente de hotel. Henry Kaiser disse que realizou cada negócio seu em sua imaginação antes que ele acontecesse realmente. O Dr. Albert Edward Wiggam considerava a imagem mental que a pessoa faz de si como "a força mais poderosa dentro de nós".

O Dr. Leslie Weatherhead afirmou: "Se nos imaginamos como um joão-ninguém, medroso e vencido, devemos nos livrar imediatamente dessa imagem e levantar a cabeça. Essa é uma imagem falsa e por isso deve desaparecer. Deus nos vê como homens e mulheres com quem e por intermédio de quem Ele pode fazer grandes obras. Vê-nos serenos, confiantes e animados. Não nos vê como vítimas patéticas da vida, e sim como mestres da arte de viver; não precisando de simpatia, e sim auxiliando aos outros, e portanto pensando menos em nós; cheios não de autodesprezo, e sim de amor, alegria e desejo de servir."[23]

Exercício: A Imaginação

Você tem sucesso no momento em que imagina o seu objetivo:

1. Imagine-se realizando o seu propósito. Use os cinco sentidos para situar-se no momento da realização.

Por exemplo, digamos que o seu objetivo seja construir um prédio de 500.000 dólares na sua universidade, com o nome de seus pais.

[22]*Our Changing World* (Nosso Mundo em Mudança), nº 747.

[23]Osborn, ibid., pág. 149

A. Consegue ver-se projetado na tela de sua mente no momento de entregar as chaves ao reitor da universidade? Visualize o prédio — tijolos vermelhos, colunas brancas, dois andares etc.

B. Consegue cheirar as flores na bancada do orador, as flores usadas pelas senhoras presentes, e o buquê especial que você entregou à sua mãe?

C. Consegue sentir o gosto do prazer da realização, compreendendo que milhares de estudantes reagirão aos maiores desafios da vida devido à sua dádiva?

D. Consegue ouvir a banda tocando ao fundo, os aplausos, as palavras profundas e sinceras de agradecimento da congregação, dos ex-alunos e estudantes?

E. Consegue sentir a chave em sua mão esquerda, o caloroso aperto de mão do reitor em sua mão direita, no ato da apresentação?

2. Agora dê vida ao seu propósito, escrevendo a seguir o fato máximo de uma vida, utilizando os cinco sentidos.

3. Programe sessões de estimulação mental com cada grupo compatível que possa ajudá-lo a atingir o seu objetivo. Lembre-se de que os grandes homens têm prazer em realizar coisas gloriosas.

Seção IV

CRIE CONFIANÇA E TENHA SUCESSO

16. Vença a Preocupação

O MODO DE uma mulher tratar a preocupação era: "Entrei para o Clube 'Não se Preocupe' e estou ficando angustiada. Tenho tanto medo de me preocupar que fico morta de preocupação." A sua chave para o sucesso pessoal é adquirir confiança em si, vencendo a preocupação.

John Edmund Haggai, em seu livro *How to Win Over Worry*,[24] diz que a preocupação é o Inimigo Público Nº 1. Segundo ele, as doenças mentais custam à nação dois e meio bilhões de dólares por ano; o número de americanos que se suicidam (como resultado de tensão, constrangimento, ansiedade e preocupação) é muito maior do que o dos que morrem devido às cinco moléstias contagiosas mais comuns. Por exemplo, em 1957, 220 pessoas morreram de poliomielite e 15.980 cometeram o suicídio. O número de pessoas que se suicidaram foi 7.500 vezes maior do que o das que foram vítimas de homicídio. Chega a 10.170 o número de pessoas que morreram em conseqüência de úlcera. Pelo menos 17.000.000 de americanos padecem de algum tipo de doença mental. Durante a Segunda Guerra Mundial, mais de 300.000 dos melhores jovens americanos morreram em combate. Durante o mesmo período de tempo, mais de um milhão de civis morreram de doenças cardíacas, primordialmente em conseqüência de preocupações. Um médico declara que a preocupação provoca perturbações cardíacas, pressão arterial alta, alguns tipos de asma, reumatismo, resfriados, disfunções

---

[24] John Edmund Haggai, *How to Win Over Worry* (Como Vencer a Preocupação) (Grand Rapids, Mich.: Zondervan Publishing House, 1959), págs. 15, 16.

da tiróide, artrite, enxaqueca, cegueira e uma série de perturbações gástricas, além de úlcera.

Você não poderá ser confiante se não vencer a preocupação.

Com Que se Preocupam as Pessoas

As estatísticas apontam aquilo com que as pessoas mais se preocupam: coisas que nunca acontecem, 40%; coisas que não podem ser modificadas, 30%; preocupações inúteis com a saúde, 12%; preocupações mesquinhas e variadas, 10%; problemas reais, 8%. Portanto, 92% das coisas com que se preocupam as pessoas são desastrosas e incontroláveis. Além disso, a preocupação é nociva, pois não só destrói a saúde da pessoa, como ainda pode levá-la ao suicídio. Dizia São Paulo, na Epístola aos Filipenses (4:6-8): "Não vos inquieteis com nada, mas em todas as circunstâncias manifestai a Deus as vossas necessidades por meio de orações e súplicas, unidas à ação de graças. E a paz de Deus, que está acima de todo o entendimento, guarde os vossos corações e os vossos espíritos em Jesus Cristo. Quanto ao mais, irmãos, tudo que é verdadeiro, tudo que é honesto, tudo que é justo, que é santo, tudo que é amável, tudo que é de bom nome, qualquer virtude ou (o que for) digno de louvor da disciplina, seja isto o objeto dos vossos pensamentos."[25]

Davidson, em seu livro *How I Discovered the Secret of Success in the Bible*,[26] conta como adquirir a confiança: "(1) Você tem de conhecer o seu produto. Saiba o que está fazendo. Domine o seu trabalho. (2) Você deve evitar todo exagero, praticando a arte da moderação rigorosa e conscienciosamente. (3) Você deve estar disposto e apto a provar o seu caso com fatos vistos de vários ângulos diferentes. (4) Você deve apresentar o

---

[25] *Bíblia Sagrada*, traduzida da Vulgata e anotada pelo padre Matos Soares, Ed. Paulinas, 1971, SP. (*N. do T.*)

[26] Clinton Davidson, *How I Discovered the Secret of Success in the Bible* (Como Descobri o Segredo do Sucesso na Bíblia) (Westwood, N.J.: Revell, 1964), pág. 50.

seu caso num tom de autoridade calma, sem desculpas nem incertezas." Assim, não terá com que se preocupar. Você tem todos os fatos. Tem a confiança e a amizade das pessoas. Estará, desse modo, vencendo a preocupação.

A Preocupação Provoca o Esgotamento Nervoso

Dan Custer[27] diz que a preocupação é o juro que pagamos sobre os problemas antes de eles se apresentarem. Nunca resolveu problema algum. É completamente destruidora e desintegradora. No entanto, muitos de nós continuamos a nos entregar a ela. A preocupação é uma disfunção da mente. O mau uso da mente provoca a doença. Portanto, a preocupação é contra a lei. Os budistas dizem: "Os dois demônios do reino emocional são a raiva e o medo. A raiva, a paixão cerebral, e o medo, paixão congeladora." O apóstolo Paulo disse: "Deus não nos deu um espírito de timidez, mas de fortaleza, caridade e temperança."[28] Não nascemos com medo. O medo é uma moléstia mental cultivada, que destrói. Portanto, uma mente sã é uma mente integrada — uma mente numa peça só, funcionando harmonicamente em conjunto. Quando a preocupação controla a mente, leva à abulia, ou perda do poder da vontade, porque a mente está dividida e não pode agir num só canal. A abulia é muitas vezes um esgotamento nervoso. Isso significa literalmente a divisão da mente. A vítima pára de lutar e sucumbe a um estado passivo e deprimido. A preocupação faz mal ao organismo humano. Além disso, não é benéfica para as relações sociais, bem como para as comerciais e familiares. A preocupação é uma tendência suicida.

No 36º Salmo, Davi escreveu: "Espera no Senhor e pratica o bem, para que habites a terra e gozes de segurança." O meio

---

[27] Dan Custer, *The Miracle of Mind Power* (O Milagre do Poder da Mente) (Englewood Cliffs, N.J.: Prentice Hall, Inc., 1960), págs. 220-221.
[28] II Timóteo 1:7.

de vencer a preocupação é expulsá-la de sua mente, que deve ficar repleta de pensamentos espirituais positivos.

Perdoe a si Mesmo

Durante mais de 12 anos aconselhando pessoas com problemas, verifiquei que o complexo de culpa provoca mais preocupações e destruição emocional do que qualquer outro fator. A pessoa com este tipo de complexo nunca aprendeu a se perdoar. Portanto, está se castigando, violando o princípio motivador mais importante e mais dinâmico da vida — a autoconservação. Tal comportamento é resultado de um meio puritano e religioso, em alguns casos, e do medo do castigo de Deus, em outros. A natureza de Deus é o perdão. No Evangelho de São João, 1:9, lemos: "Se confessamos os nossos pecados, Ele é fiel e justo para perdoá-los, e purificar-nos de todo erro." Aprendam a perdoar-se e então poderão vencer a preocupação.

O Dr. John A. Schindler[29] escreve sobre todos os perigos e poderes destruidores da doença induzida emocionalmente. Diz que mais de 50% dos que buscam auxílio médico têm esse mal. Em mil casos diferentes, a doença induzida emocionalmente é tão comum quanto todas as outras 999 doenças juntas. O Dr. Schindler diz que na Clínica Oschsner, em Nova Orleans, foi verificado que 74% de 500 pacientes consecutivos, admitidos ao departamento que trata de distúrbios gastrintestinais, sofriam de doenças induzidas emocionalmente. Em 1951, um relatório do Departamento de Clínica Externa da Universidade de Yale mostrava que 76% dos pacientes que iam à clínica sofriam de doenças induzidas emocionalmente.

Essas pessoas estavam realmente se preocupando até a morte.

---

[29] John A. Schindler, *How to Live 365 Days a Year* (Como Viver 365 Dias por Ano) (Englewood Cliffs, N.J.: Prentice Hall, Inc., 1954), págs. 3-4.

Uma Emoção Maior do Que a Preocupação

Existe uma outra emoção tão dinâmica quanto a preocupação. Esta última é perigosa para todos os grupos, pois a pessoa preocupada transmite a sua preocupação aos que a cercam. Mas há uma outra solução contagiosa. É o entusiasmo — a qualidade vital que o incita a agir. O autocontrole é o eixo do equilíbrio que dirige os seus atos e o leva a ser positivo e poderoso, vencendo o poder destruidor da preocupação.

A fim de ser um indivíduo completo, bem ajustado e equilibrado, você tem de ter autocontrole e entusiasmo. Lembre-se, só existe uma coisa neste mundo que você pode controlar por completo: a sua mente. Você pode dominar a preocupação usando o poder positivo do entusiasmo. Você é a soma total de seus pensamentos dominantes e mais proeminentes.

Por exemplo, digamos que você esteja envolvido numa discussão em família. Vocês altearam as vozes, argumentando e discordando. De repente, tocam a campainha da porta. Imediatamente, toda a família pára de falar. Vocês não querem passar vexame diante de estranhos. Portanto, eliminam a emoção da discórdia e representam diante dos visitantes. Da mesma forma, você pode expulsar a emoção da preocupação, instalando em seu lugar o entusiasmo, o pensamento positivo e a autoconfiança.

Harold Sherman conta uma história interessante sobre o poder positivo de P.T. Barnum, o grande mestre dos espetáculos.[30] Um dia, despertado de um sono profundo no meio da noite, disseram-lhe: "Sr. Barnum, uma quarta parte do circo foi destruída pelo fogo." Barnum sentou-se na cama, piscando os olhos. "O que vai fazer?", perguntou o mensageiro, esperando que Barnum saltasse da cama e começasse a dar ordens. "Não há nada que eu possa fazer", respondeu, "de modo que vou voltar

---

[30]Harold Sherman, *How to Turn Failure Into Success* (Como Transformar o Fracasso em Sucesso) (Englewood Cliffs, N.J.: Prentice Hall, Inc., 1958), págs. 22-23.

a dormir." Aí está. Com a confiança, ele aprendera a vencer a preocupação.

Expulse a preocupação com atividades entusiásticas. Perdoe-se, pois os sentimentos de culpa negam a criatividade e a energia. Encare o fato de que a preocupação sempre destrói. Jamais ajuda.

17. Combata o Medo

A SUA CHAVE para o sucesso hoje é combater o medo com fé e com fatos. Você pode ser um indivíduo confiante em si, triunfante e de sucesso.

Napoleon Hill observa que há sete medos básicos: "(1) O medo da pobreza. (2) O medo da crítica. (3) O medo da doença. (4) O medo da perda do amor. (5) O medo da velhice. (6) O medo da perda da liberdade. (7) O medo da morte."[31] Adquira autoconfiança combatendo esses medos.

Temos de Lutar Contra o Medo com Fatos

Emerson disse: "Confie em si, todos os corações vibram com aquele fio de ferro da fé." Quando a mente e a mensagem estão cheias de fatos, você se torna um indivíduo radiante e dinâmico.

No livro de Carl Sandburg, *Abraham Lincoln: The Prairie Years*, temos a seguinte ilustração: "Um ouvinte de um dos discursos de Abraham Lincoln mostra o quadro. Enquanto o seu corpo se soltava e balançava ao ritmo de sua prelação e à medida

[31] Hill, *Think and Grow Rich* (Pense e Enriqueça), pág. 82.

que seus pensamentos se apresentavam, gotas de suor surgiam em sua testa; ele não falava apenas com a língua, mas com todas as gotas de sangue de seu corpo." Um literato disse: "Ele se mostrava apaixonado e parecia transfigurado; seus ouvintes sentiam que acreditava em todas as palavras que dizia e que, como Martinho Lutero, preferiria morrer a omitir uma palavra sequer."[32]

Ora, consideremos os fatos. Qual a pior coisa possível de lhe acontecer? Ponha a sua mente em marcha à ré, por um momento, e vamos prever — a perda de saúde, ou emprego, seja o que for. O que você faria se isso acontecesse? Sente-se e escreva um roteiro de atos, passo a passo. Depois, planeje amenizar esta coisa da melhor maneira, talvez até utilizando-a para um melhoramento (como conseguir um emprego melhor). Depois que você encara o fato de que pode lidar com o pior que lhe possa acontecer — e que provavelmente não acontecerá, de qualquer maneira —, poderá deleitar-se com a alegria dos prazeres e realizações da vida.

Faça o Seu Inventário

Mostre as suas qualidades. Sente-se e faça um inventário. Na coluna da esquerda, anote seus defeitos e fracassos. Na coluna da direita, relacione positiva, cuidadosa e sinceramente todas as suas qualidades — personalidade agradável, boa instrução, bom meio familiar etc. A menos que você seja neurótico, sairá vencedor nesse jogo.

Em umas de suas irradiações, Earl Nightingale refere-se a uma citação de Balzac: "Recorrendo à resignação, os infelizes completam a sua desgraça." Enquanto os adeptos de Maomé tiverem como fundamento predominante em sua pregação a

[32]Carl Sandburg, *Abraham Lincoln: The Prairie Years* (Abraão Lincoln: Os Anos nos Prados) (Nova York: Harcourt-Brace and Company, 1926), pág. 72.

filosofia fatalista, "É a vontade de Alá", o povo daquela nação nunca dominará o mundo por seus pensamentos, sua liderança ou filosofia. Infelizmente, nós aqui temos seguidores do fatalismo, que afirmam "bem, o que tiver de ser será", ou "assim é a vida". Quando são referências a um erro ou desgraça, muito bem, mas muitas vezes servem para destruir a iniciativa. Frank Pierce diz que, enfrentando os fatos, você pode controlar grande parte de seu destino.

Combata o Medo com a Fé

O medo é incrivelmente contagioso. Uma pessoa pode infectar e arruinar relacionamentos que, sem sua influência, seriam cordiais. O medo entrava a nossa capacidade de pensar e de raciocinar com eficiência. Quando extremado, pode paralisar a capacidade de agir. Chega a aumentar a dor. Sabe-se que 75% da dor que a pessoa sente quando está tensa e nervosa desaparece quando ela se descontrai totalmente. Não procure fugir dos seus medos; encare-os com uma fé positiva. Admita-os, porém expulse-os com a fé. Abra o armário de sua mente. Agarre os medos nos recantos escuros. Exponha-os ao sol do amor de Deus e da verdade e enterre-os no pó. Levy disse: "Uma pessoa que acredite firmemente que pode controlar recursos já é praticamente senhora deles."

Napoleon Hill comentou a respeito: "Não é estranho que tenhamos mais medo daquilo que nunca ocorre; que destruamos a nossa iniciativa com medo da derrota, quando na verdade esta é o tônico mais útil, e deveria ser aceito como tal."

Combata o medo com a fé e com os fatos, agindo com confiança, obtendo todas as informações. Neste momento, resolva que não será vítima do medo, mas que será vitorioso com a fé. Não permitirá que o medo frustre e arruíne o seu presente e futuro. Não deixará de lutar. E, além disso, não contamine outras mentes sadias positivas com o medo. Se você não conseguir a vitória, então vá, como o eremita, para uma caverna, no isolamento de sua própria derrota. Mas isso não acontecerá. Você pode vencer.

18. Controle as Dúvidas

A SUA CHAVE para a confiança é controlar as dúvidas. Shakespeare disse: "Nossas dúvidas são traidoras e nos fazem perder o bem que muitas vezes alcançaríamos, por medo de tentar." As dúvidas são boas quando podem ser controladas e quando nos levam a uma avaliação bem-feita. Analisar os fatos e examinar seriamente a situação ajuda a se chegar à cautela e sabedoria. Só os tolos nunca têm dúvidas.

No entanto, uma grande maioria de pessoas permite que suas dúvidas as governem. Você deve admitir as suas deficiências para vencer a dúvida. Encare o fato de que não é perfeito em tudo. Reconheça que tem fraquezas. Nesse próprio processo de reconhecer as suas deficiências, você controla as suas dúvidas. Um problema bem apresentado já está resolvido. Quando a pessoa consegue encarar o fato de que é frágil em certo setor, vai procurar auxílio em outro lugar. É esse o meio de controlar suas dúvidas. Você é mais importante do que a emoção da dúvida. Samuel Johnson constatou que "nunca se tentará nada se primeiro for preciso vencer todas as objeções possíveis".

Deixe que a dúvida lhe dê sabedoria, que seja solucionada, que levante sua cabeça, e depois, quando a maturidade, a sabedoria e a experiência o levarem a perceber que a dúvida está resolvida, passe adiante. Segundo Shakespeare, "a pequena dúvida é o farol dos sábios — a sonda que pesquisa o pior até o fundo".

O problema é que muitos não têm apenas dúvidas pequenas, mas gigantescas, montanhosas, acabando esmagados por elas.

Não Permita Que as Dúvidas o Destruam

Lembre-se de que as dúvidas são destruidoras. Cortam a possibilidade de ação. Dilaceram a paz, a serenidade e a felicidade da vida do homem. Vejamos Robert South, clérigo e escritor inglês: "Não existe fadiga como a que provém da dúvida — da corrida perpétua da razão não fixada. O tormento da incerteza é muito grande; mas assim que a mente vacilante e perplexa começa a determinar, seja qual for a determinação, encontrará sossego."

Elimine suas dúvidas exprimindo suas convicções. Não seja maria-vai-com-as-outras. "O homem que exprime suas convicções positivas vale um regimento de homens que estão sempre proclamando suas dúvidas e suspeitas", disse Plínio, o Velho. Daniels, filósofo das montanhas do Tennessee, dizia: "Não pense em como não pode fazer; pense em como pode fazer." Portanto, analise os fatos e aja. Não espere. Domine, dite, controle as suas dúvidas. P.T. Munger comentou muito bem: "O conhecimento e a personalidade tornam possível a dúvida. Mas o conhecimento também é a cura da dúvida; quando adquirimos um senso de personalidade pleno e adequado, somos elevados para uma região em que a dúvida é quase impossível, pois homem nenhum pode conhecer-se como é, em toda a plenitude de sua natureza, sem conhecer também a Deus."

A Pausa Que Refresca

A dúvida deveria ser a "pausa que refresca" no caminho do sucesso pessoal. Mas não permita que a pausa dure o dia todo. Essa verdade é expressa pelo clérigo inglês Caleb Colton, ao dizer: "A dúvida é o vestíbulo por onde todos têm de passar antes de ingressarem no templo da sabedoria. Quando estivermos em dúvida e descobrirmos a verdade por nossos próprios esforços, teremos ganhado algo que ficará conosco e nos servirá novamente. Mas se para evitar o trabalho da pesquisa nos valemos dos conhecimentos superiores de um amigo, esse conhecimento não ficará conosco; não o compramos, mas o pedimos emprestado."

Goethe resume isso com sua declaração: "Dê-me o dom de suas convicções, se as tiver, mas guarde para si as suas dúvidas, pois as tenho em quantidade suficiente." Não espalhe as suas dúvidas; controle-as.

Quando me mudei para o sul da Flórida, meu quintal estava cheio de capim das hortas. Naquela ocasião, eu queria ali qualquer tipo de capim — qualquer coisa que não fosse areia. Mais tarde, matei o capim para plantar uma grama bonita. Igualmente, as dúvidas que temos são expedientes provisórios que nos ajudam a passar para o salão nobre do poder e da realização.

Conquiste a autoconfiança controlando as suas dúvidas. Só um tolo nunca tem dúvidas, mas um sábio nunca cede a elas. Ele as mantém sob um controle rígido. Seja um ditador — com relação às dúvidas, quero dizer. Controle-as e será bem-sucedido.

19. Atue com Agressividade

A SUA CHAVE para hoje é agir com agressividade. Agarre o dia. Lute com a hora. Assalte o minuto. A fim de ter coragem, você tem de agir agressivamente. Lembre-se, os nossos atos são os nossos estados de espírito. Uma ação positiva e afirmativa expulsa o desânimo.

A fim de agir, primeiro você tem de ter confiança em si. Você é melhor do que pensa. Você pode realizar; mas tem de agir agora, e com agressividade.

Por que você não consegue agir com agressividade? Será que não conhece o seu trabalho? Somos malsucedidos naquilo que desconhecemos.

Todos os anos a nossa economia perde bilhões de dólares devido a empregados insuficientes, mal treinados e mal informados. Uma companhia agressiva treina o seu pessoal. Ora, se você não tiver um treinamento adequado e não houver um projeto de treinamento imediato para você, o que deve fazer? A resposta é treinar-se a si mesmo. Leia livros sobre a sua atividade e também sobre o desenvolvimento da personalidade.[33]

Não há desculpa para ser um fracassado. Aja agressivamente, aprendendo e dominando o seu trabalho, o que se tornará um alegre privilégio em vez de uma tarefa monótona.

Reme Contra a Maré e Tenha Sucesso

Aconselho-o a fazer o contrário do que faz a maior parte das pessoas. Um homem sem determinação só utiliza cerca de 30% de sua capacidade. Se você não tem determinação, multiplique o seu salário por três e a cifra obtida será a que ganhará se aplicar o total de sua capacidade, experiência, conhecimento e habilidade pela determinação dinâmica. Mas você tem de contrariar as normas. Earl Nightingale diz que somente 5% dos homens americanos conseguem um sucesso extraordinário. Tenha a audácia de ser diferente e verá que pode obter um sucesso fora do comum.

Em maio de 1962, o mercado de capitais teve uma queda brusca. Foi o maior prejuízo em papéis desde 1929. O frenesi e a frustração imperavam. As pessoas telefonavam para seus corretores, berrando: "Venda!" J. Paul Getty, um dos homens mais ricos do mundo, examinou a situação com cuidado e mandou que seus corretores comprassem. Comprou a preços baixos. Dentro de 15 meses o mercado estava novamente recuperado, com índices até superiores aos da fase anterior à queda. Getty e

[33] Por exemplo, o livro de Dale Carnegie, *How to Win Friends and Influence People* (Como Fazer Amigos e Influenciar Pessoas), *Twenty Steps to Power and Influence and Control Over People* (Vinte Passos para o Poder e Influência e Controle Sobre Pessoas), de Gabriel, e *The Power to Influence People* (O Poder de Influenciar Pessoas), de Battista.

outros que compraram barato ficaram imensamente ricos porque tiveram a audácia de ser diferentes. Remaram contra a maré.

Paul J. Meyer, o homem do sucesso pessoal de um milhão de dólares, recomenda os seguintes pontos dinâmicos para o sucesso:[34]

"(1) Cristalize o seu pensamento. Determine qual a meta específica que deseja atingir e depois dedique-se a ela com uma determinação única e inabalável.

(2) Faça um plano para atingir a sua meta e fixe uma data para isso. Planeje o seu progresso com cuidado, hora a hora, dia a dia, mês a mês. Organize a atividade e mantenha o entusiasmo das fontes do seu poder.

(3) Crie um desejo sincero pelas coisas que deseja na vida. Um desejo ardente é o maior motivador de todos os atos humanos. O desejo do sucesso implanta a consciência do sucesso, que por sua vez cria um hábito vigoroso e sempre crescente de sucesso.

(4) Crie uma confiança suprema em si e em sua própria capacidade. Empreenda cada atividade sem pensar na possibilidade de derrota. Concentre-se em sua força, ao invés de em suas fraquezas; em seus poderes, em vez de em seus problemas.

(5) Crie uma resolução persistente para concretizar o seu plano, sem considerar os obstáculos, as críticas ou as circunstâncias. As oportunidades nunca chegam para os que esperam, mas são capturadas pelos que ousam atacar." Aja com agressividade.

Represente o Papel

Um meio prático de vencer o desânimo e criar a sua própria ação é o seu modo de se vestir. Por exemplo, usar saltos duros lhe dá uma sensação de determinação e realização quando você caminha energicamente por uma rua. O bater dos saltos é um ato de agressão e certeza.

[34]De uma conversa com Paul Meyer.

Há pouco tempo, um amigo meu comprou um terno para mim. Quando tenho um compromisso importante ou a oportunidade de falar, uso aquele terno, que custou 175 dólares. A autoconfiança é destruída na presença de uma pessoa que estiver muito mais bem vestida do que você. Não permita que isso aconteça. Verá que um terno de 100 ou 125 dólares dura duas vezes mais que um de 40 dólares. E durante todo o tempo em que você o estiver usando, ele aumenta a sua eficiência e eficácia, estimulando a sua autoconfiança.

Noventa por cento do corpo humano são cobertos por roupas. Portanto, estas são de grande importância. Consulte o seu alfaiate. Ouça uma opinião profissional. Não use as roupas que lhe agradam, mas sim as que são melhores para você, isto é, que realcem o que você tiver de melhor. Use roupas que o ajudem a agir com agressividade. É interessante a história do rapaz dinâmico, recém-formado, que se candidatou a um emprego num banco. O funcionário do departamento de pessoal perguntou-lhe o que sabia fazer e ele respondeu que queria ser vice-presidente. O diretor do pessoal, escandalizado, disse:

— Mas já temos doze vice-presidentes!

O rapaz agressivo respondeu:

— Não tem importância. Não sou supersticioso.

Agarre o dia! Segure a vida! Lute com alguma oportunidade! Pegue a sua parte do sucesso! Não se afunde no lodo da desconfiança, do medo e da frustração. Agindo agressivamente, você pode chegar ao alto da montanha da realização.

20. Seja Senhor de Sua Mente

A SUA CHAVE para o sucesso pessoal é controlar a mente e dominar as emoções. Quantas pessoas você conhece que na verdade *não* controlam suas mentes? Algumas cederam a outros.

Muitas entregaram suas mentes a hábitos destruidores — os alcoólatras, os viciados em drogas e indivíduos sedentos de prazeres, que só existem para se satisfazerem.

A verdadeira grandeza é alcançada no serviço aos outros. Portanto, seja senhor de sua mente. Não seja uma vítima; seja um vitorioso subindo pelas encostas, para alcançar a realização. "Você não tem apenas o poder de pensar, como ainda, o que é mil vezes mais importante, é capaz de controlar os seus pensamentos e dirigi-los para onde desejar... Você é a soma total de seus pensamentos dominantes e mais proeminentes", observou Napoleon Hill.

Você muda o seu modo de ser e o tom de voz para esconder os seus verdadeiros sentimentos das pessoas com as quais não quer partilhá-los. Controla-se conscientemente. Agora faça o mesmo com a sua mente. Controle-a. Domine-a. Obrigue-a a servi-lo.

A Bíblia diz: "Conforme o homem pensa em seu coração, assim é ele." Os nossos pensamentos dominantes nos fazem o que somos. Na primeira Epístola de São Pedro, 1:13, temos as palavras: "...cingidos os rins da vossa mente". Utilize os seus pensamentos e controle-os.

A Felicidade É um Estado de Espírito

Todos desejam ser felizes. Mas a felicidade não é uma meta; é um estado de espírito. "O espírito alegre torna a idade florida; o espírito triste seca os ossos." (Provérbios, 17:22.)

Um velho ditado holandês diz: "Os felizes nunca são perversos." É possível se fazer algo para ser feliz. Abraham Lincoln disse: "A maioria das pessoas é tão feliz quanto resolve ser."

Expulse o mal do desespero. Resolva que vai ser feliz.

Napoleon Hill relaciona as seguintes 12 grandes riquezas da vida: "(1) Uma atitude mental positiva. (2) Uma saúde física vigorosa. (3) Harmonia nos relacionamentos humanos. (4) Libertação do medo. (5) Esperança de realização pessoal. (6) Capacidade de ter fé. (7) Disponibilidade para compartilhar nossas dádivas. (8) Um trabalho de amor. (9) Mente aberta para todos os assuntos. (10) Autodisciplina. (11) Capacidade de compreender as pessoas. (12) Segurança econômica."[35]

Estas metas certamente são dignas de que todos os homens as desejem atingir; mas lembre-se: não há nada neste mundo que você influencie mais do que a sua própria mente. Na Epístola aos Romanos, de São Paulo, 6:16, temos: "Não sabeis que, se vos entregais a alguém como escravos para (lhe) obedecer, ficais escravos daquele a quem obedeceis, quer seja do pecado para a morte, quer da obediência para a justiça?" Olhem novamente. Nossa mentes ou são controladas por nossas vontades e se tornam escravas de nossas metas, do sucesso, ou podem ser escravizadas por hábitos destruidores, para condutas e atos corrosivos.

A vida deve ser vivida. A vida deve compreender a realização. "Domine a sua mente e terá confiança."

Exercício: Crie Confiança e Tenha Sucesso

Uma atitude confiante, contínua e positiva lhe assegura o hábito do sucesso:

1. Afirme a sua determinação com uma confiança mais ousada do que a adotada anteriormente.

2. Você pode vencer a preocupação com uma ação entusiástica. Esboce essa ação.

   A.

   B.

   C.

   D.

---

[35] Napoleon Hill, *A Chave Mestra das Riquezas* (Ed. Record, 1994, 7ª ed.), págs. 15-20.

3. Você pode combater o medo com os fatos:

Fato 1: Você é um homem numa sociedade livre.
Fato 2: Você tem grande desejo de se aperfeiçoar.
Fato 3: Você pode encontrar a solução de qualquer problema.
Fato 4: Você agora tem uma determinação maior do que você.
Fato 5: Você está entre os primeiros 5% do país.

(Preencha os outros você mesmo).

Fato 6:
Fato 7:
Fato 8:

4. Você pode dominar e ditar as suas dúvidas:

A. Quem é maior, o você ilimitado ou aquela emoção negativa, a Dúvida?

B. Uma ação agressiva destrói a dúvida. Descreva sua ação imediata.

C. Melhore o seu guarda-roupa e tenha mais animação. Quais as roupas de que precisa agora?

5. Você pode ser senhor de sua mente e dar-lhe poder. Relacione os meios que usará para reconstruir sua mente positiva.

A.

B.

C.

Seção V

O PODER DA PERSEVERANÇA

21. A Perseverança Gera o Poder

A SUA CHAVE para o sucesso pessoal é a perseverança, pois ela gera o poder. Vou contar-lhe a história de um dos maiores fracassos americanos. Em 1831, ele fracassou nos negócios. Em 1832, perdeu as eleições para o Congresso. Em 1833, foi outra vez malsucedido nos negócios. Em 1884, foi eleito para o Congresso. Em 1838, foi derrotado no pleito para presidente da Câmara; em 1840, derrotado como membro do Colégio Eleitoral; em 1843, derrotado na eleição para o Congresso; em 1846, eleito para o Congresso; em 1848, derrotado na eleição para o Congresso; em 1855, derrotado na eleição para o Senado; em 1856, derrotado para o cargo de vice-presidente; em 1858, derrotado para o Senado. Em 1860, foi eleito presidente dos Estados Unidos.

Seu nome? Abraham Lincoln. Quem mais poderia suportar a adversidade que Lincoln suportou durante aqueles dias trágicos da Guerra Civil? Quase a metade de seu gabinete se lhe opôs. Quando lhe perguntaram por que não os demitia, respondeu: "Não me livro de meus inimigos tornando-os meus amigos?" Quando morreu, todos eles homenagearam-no com lealdade absoluta. Conseguiu manter unidos os Estados do Norte por meio do poder de sua dedicação e convicção, e salvou a União pela força dessa convicção. E, ao fazer isso, destruiu uma das maiores pragas dos Estados Unidos — a escravidão.

Lincoln aprendeu a perseverança vencendo várias adversidades nos anos formativos de sua vida. Para alcançarmos a grandeza, dependemos do modo pelo qual reagimos diante das dificuldades e atribulações da vida. A perseverança é o poder que gera realizações assombrosas. Bacon disse: "Grandes esforços provêm do trabalho e da perseverança; pois a audácia muitas vezes prende e derrota as mentes mais fracas."

Aprenda com Cada Desilusão

Depois de uma experiência vocacional especialmente feliz que durou vários anos, um amigo me disse: "Sabe, tudo tem sido muito bom para você. As coisas têm corrido tão facilmente e tão bem, com tão poucas dificuldades, que um dia desses você poderá se ver em apuros porque não foi obrigado a enfrentar problemas, oposições e dificuldades." Como não há substituto para a experiência pessoal, o meu amigo tinha certa razão. A minha resposta, que não foi dada com convicção, dizia que muitas pessoas criam seus problemas por não preverem o preço a pagar por isso, deixando de levar em conta todos os fatos e agindo impetuosamente, antes de conquistarem a lealdade das pessoas envolvidas. A verdade das palavras dele era evidente. O homem que teve de erguer-se das desilusões e dificuldades da vida aprendeu uma lição valiosa. Nada o detém. Nada o deixa frustrado. Nada o perturba. Já percorreu aquele caminho e conhece a resposta. É perseverante.

Não devem ser esquecidas as palavras do marechal Foch, comandante francês da Primeira Guerra Mundial, quando a situação no campo de batalha era a mais trágica possível: "Meu centro está cedendo, minha direita recuando, situação excelente, estou atacando."

"A perseverança dá poder à fraqueza e abre à pobreza as riquezas do mundo. Espalha a fertilidade sobre a paisagem árida e manda que as frutas e flores mais seletas amadureçam e floresçam na morada deserta dos espinhos e sarças." (S.G. Goodrich)

Como Ser um Gênio

Com que facilidade menosprezamos as realizações notáveis de outra pessoa, dizendo: "Bom, ele é um gênio", "Vejam as oportunidades que ele teve", "Vejam a instrução dele" ou outra frase igualmente vã. Nunca se esqueçam das palavras de Thomas A. Edison: "O sucesso é 2% inspiração e 98% transpiração." O que é um gênio? O gênio é a capacidade de fazer um esforço continuado. A pessoa não sabe quando se aproxima ou quando atravessa a linha entre o fracasso e o sucesso, pois ela é bastante tênue. Quando você atravessa, quando continua a perseguir uma meta com perseverança — não permitindo que nada o detenha ou desvie, quando a determinação vibra, a meta o dirige e a motivação desafia e inspira —, isso é o gênio.

No dia 15 de março de 1915, a Marinha britânica atacou os turcos nos Dardanelos, e estes resistiram, em terra, com canhões. Três navios foram afundados e por fim, ao meio-dia, a Marinha britânica retirou-se e nunca mais atacou aquele ponto durante a guerra. O que não sabia é que aos turcos restavam apenas 60 segundos de munição, e naquele momento preciso eles se preparavam para a rendição. Se a Marinha britânica tivesse sido perseverante, continuando com a batalha, teria tomado os Dardanelos, dividido as forças inimigas, terminado a guerra anos antes e poupado milhões de vidas. Ah, a tragédia que é deixar de perseverar!

A Tartaruga Ganhou o Prêmio

Lembram-se da história da lebre e da tartaruga? O garoto mais brilhante de minha turma no ginásio é hoje, aos 40 anos, um alcoólatra desenganado. Ele era a lebre — um grande avanço, e depois a boa vida. A meta, ele deixava de lado. Havia outro garoto, de quem abusavam e caçoavam, de habilidade atlética limitada (nunca se classificou, apenas fez parte do time de basquete), mas que nunca deixou de se esforçar. Em que situação se encontra, aos 40 anos? Um executivo de seguros com sucesso assombroso — milionário. Foi perseverante.

Caminho no Seu Cérebro

A mente subconscientemente não discute. Recebe ordens e nunca repousa. Portanto, a mente consciente deve constante e perseverantemente comandar o subconsciente para apresentar os resultados de seu trabalho incessante. Desse modo, estamos construindo uma consciência condicionada, um sentimento habitual ou uma condição habitual pela qual realizamos algo. Lembre-se: "Conforme o homem pensa em seu coração, assim será ele." Nós nos tornamos aquilo em que pensamos. O comando persistente marca um caminho, um canal, uma vala, uma estrada nas impressões de nossa mente e produz o efeito desejado.

Um estudo feito sobre o comércio revelou que 80% das vendas eram feitas na quinta visita. Quarenta e oito por cento dos vendedores desistiam depois da primeira visita, 25% depois da segunda, 12% depois da terceira, 10% continuavam as visitas e faziam 80% das vendas. A perseverança compensa. Ela gera o poder. Você a deseja? Depende de você. Percebe como as pessoas se aborrecem quando ouvem alguma coisa pela segunda e terceira vez? Como é que aprendemos? Pela repetição. Qual o princípio da propaganda? Repetir a mesma história várias vezes. Por exemplo: Quantos colonos foram mortos pelos índios a oeste do rio Mississípi? Somente 36. Mas, a julgar por todas as histórias e todos os filmes e extravagâncias da TV sobre os levantes indígenas no oeste, seria de supor que milhões de americanos foram massacrados pelos índios. A história foi contada por tanto tempo, e tantas vezes, com tal impacto e colorido, que acreditamos que o rio Vermelho realmente recebeu esse nome porque suas margens estavam cheias do sangue dos colonos. A repetição faz o impacto. Portanto, seja perseverante e poderá realizar.

Repita e Colha os Resultados

Em seu livro *How I Discovered the Secret of Success in the Bible*, Davidson diz: "O que torna a repetição um fator tão poderoso na sugestão eficaz? Qual o seu propósito? (1) A mente humana não pode agir com o que não compreende. A repetição, especialmente quando apresenta uma idéia de várias maneiras, serve para torná-la mais clara. (2) A repetição destrói o poder de resistência das idéias contrárias que embaralham a sua idéia ou sugestão, impedindo a sua pronta aceitação pela mente da pessoa interessada.[36]

Irving Black afirmou a respeito: "Com certeza, muitos de nós já vimos um bate-estacas em funcionamento. Pousado no ar está o peso da parte da máquina que bate. De repente, esse peso de várias toneladas é solto... Pensamos que a estaca deveria ser cravada em toda a sua extensão com um grande impacto, mas ela mal se move uma fração de centímetro. Outra vez aquele impacto enorme e novamente o ligeiro afundamento no solo. Esse processo continua durante semanas, até que se faça a fundação devida. É esse processo cumulativo, esse martelar constante, essa força propulsora contínua, que finalmente forma uma fundação sobre a qual se constrói uma estrutura permanente. É essa mesma lei cumulativa que faz com que homens obscuros se tornem famosos. É essa firmeza de propósito que eleva os homens da miséria para a prosperidade. É essa sinceridade de realização que estabelece a diferença entre quem faz e quem deseja."[37]

Abra o Seu Caminho Para o Sucesso com Bate-Estacas

Escolha a sua fundação, finque nela a sua estaca e comece a bater, hora após hora, dia após dia, impacto sobre impacto.

---

[36] Davidson, bid., págs. 79-80.

[37] Davidson, ibid., pág. 81.

Você pode vencer por meio da persistência. Não existe outra emoção ou outra coisa tão poderosa quanto a perseverança. Você pode ter tudo o que quiser se pagar o preço da perseverança. Que a sua meta seja "Dia a dia, estou a caminho". Diga isso várias vezes e alcançará o sucesso.

Grandes Homens no Trabalho

"Embora você possa ter conhecido homens inteligentes porém indolentes, nunca conheceu um grande homem que fosse assim; e quando ouço falar de algum rapaz que promete ser um gênio, a primeira pergunta que faço é se ele trabalha." (John Ruskin)

O Dr. David Seabury, psicólogo, constatou: "Nunca é demais repetir o que pode fazer por uma pessoa a atenção concentrada, se for utilizada constante, insistente, incessante e persistentemente. Nenhum desequilíbrio poderia continuar a controlar alguém se esse processo fosse sinceramenrte executado. E nem as supostas barreiras ao sucesso, saúde e felicidade poderiam permanecer muito tempo como obstáculos. Cada negativo tem o seu positivo, cada perda um ganho potencial, cada mal um bem oculto. Essa declaração não é um otimismo vão, e sim a verdade simples e provada. Um dos maiores segredos da vida é concentrar a atenção na descoberta e utilização do bem com que se vence o mal. Fazendo isso, estaremos dando à nossa atenção humana uma base natural para a plenitude e poder.

Os engenheiros já provaram que as tropas, marchando cadenciadas, não podem atravessar uma ponte. Ela se quebra, se eles tentarem. Lembro-me bem que, no serviço militar, errávamos o passo ao nos aproximarmos de uma ponte, atravessando com cuidado para não marcharmos no ritmo. Sim, a repetição é uma das forças mais poderosas neste mundo. Você pode ter sucesso por meio da perseverança. Eu o desafio a começar hoje mesmo.

22. A Perseverança Habilita a Determinação

A SUA CHAVE para o sucesso pessoal hoje é a perseverança, que desenvolve a determinação dinâmica. Você pode ter sucesso.

Qual a primeira reação que lhe ocorre quando se defronta com um problema? Isso mesmo — desistir, desanimar. Um menino teve queimaduras tão horríveis que suas pernas seriam amputadas; no entanto, ele não desistiu. Disseram-lhe que não tornaria a andar, mas ele andou. Disciplinou-se com uma vontade férrea. Pagou o preço com uma perseverança fantástica. Em conseqüência, tornou-se um dos maiores corredores em distância do mundo — Glenn Cunningham. Descobriu que a perseverança desenvolve a determinação.

O Seu Emprego e a Longevidade

John E. Gibson, num artigo intitulado "Science Looks at Your Job", declara que a profissão chega a afetar a duração da vida. Por exemplo, educadores e advogados, dois grupos que têm de pagar o preço de maior perseverança para conseguir o seu intento, são os que têm vida mais longa. Seguem-se, pela ordem, as atividades de engenharia e científicas, as vocações filosóficas e teológicas, os médicos, os pintores e músicos, os escritores e atores. Os exploradores e poetas têm em média a vida mais curta. Além disso, esse estudo mostrou que os indivíduos que conquistavam as maiores honras em sua profissão tinham em média vidas muito mais longas do que os menos eminentes.

Essas mesmas profissões são também as de maior prestígio. Por exemplo, os médicos têm o mais alto conceito entre a maioria das pessoas, seguindo-se de perto os professores universitários, cientistas e banqueiros. Um psicólogo do Exército verificou que as profissões que tinham as médias mais altas de inteligência eram a contabilidade, a engenharia, a medicina e a química. As ocupações que vinham em seguida no departamento de QI incluíam os escritores, educadores, advogados e dentistas. "Num amplo estudo realizado pelos investigadores da Universidade de Minnesota, verificou-se que entre aqueles cujas ocupações solicitavam continuadamente a inteligência, a capacidade mental tendia a aumentar positivamente com a idade. Além disso, muitas pessoas que realizaram grandes coisas não têm QI acima da média; na verdade, as qualidades que maior parte dos homens de sucesso têm em comum são a perseverança e a capacidade de utilizar ao máximo as suas habilidades."[38]

Essas profissões se classificam tão alto quanto a realização, longevidade e prestígio, porque esses homens foram perseverantes em seu propósito na vida. E como a perseverança desenvolveu sua determinação, esta última foi um fator motivador para o desenvolvimento da primeira. Não se pode ter uma sem a outra.

Recentemente tem-se falado sobre homens com superorganismos, isto é, homens que trabalham muitas horas e arduamente sob uma enorme pressão. Alguns desses homens verificaram o aparecimento de problemas de saúde — perturbações cardíacas — e foram obrigados a um período de descanso. Um estudo demonstrou que enquanto esses homens deviam estar repousando, refazendo-se dos problemas cardíacos, tinham fundado outro negócio. Será que realmente têm superorganismos? Não. O que têm de fato é superdeterminação e perseverança poderosa.

Controle a Duração de Sua Vida

Você pode perguntar: "Está sugerindo que as pessoas podem realmente controlar a duração de sua vida?" Sim, positivamente estou. A ciência médica concorda que o fator mais importante em qualquer doença é a vontade de viver. Em várias ocasiões vi

[38] *Our Changing World* (Nosso Mundo em Mudança), nº 641.

pessoas se curarem só pela perseverança e a determinação de o fazerem. E já presenciei outras pessoas morrerem simplesmente porque achavam que não tinham por que viver. O homem que está sempre servindo a um propósito digno cuida de si. Procura satisfazer as suas necessidades — sabe que a recreação adequada faz parte da rotina da vida. Além disso, aquele que tem, com perseverança, o poder de alcançar um propósito digno (pois já dissemos que a ciência do sucesso é alcançar com perseverança uma meta digna e desafiadora) não sucumbe tão facilmente às preocupações, frustrações e hipertensão. Ele está além de si mesmo. Não está sempre olhando para dentro, para seus problemas pessoais.

Seja à Prova de Fracasso

A fim de ser à prova de fracasso, você deve ter uma fé inquebrantável, emoções totalmente constantes e dirigidas para uma meta, uma vontade dedicada a uma causa maior do que você e uma idéia para a realização ou serviço que tenha passado seu período de incubação e esteja pronta para ser aceita.

Seja Senhor de Seus Estados de Espírito

Um dos maiores poderes no desenvolvimento de uma determinação perseverante é controlar os estados de espírito. Graças ao setor recém-criado de Discos dos Homens de Negócio, existe hoje um programa planejado para desenvolver uma determinação perseverante. Paul J. Meyer, presidente do Instituto de Motivação para o Sucesso, de Waco, Texas, e outras firmas possuem uma série de discos notáveis que você pode usar para cultivar a sua determinação. Comprei um toca-discos transistorizado, que carrego em minha pasta, junto com vários discos. Num quarto de hotel, num escritório, esperando a hora de uma conferência, ou seja onde for, posso cultivar e desenvolver a minha perseverança. Nunca desperdicei esses momentos.

Transforme as Possibilidades em Probabilidades

Primeiro, você deve ficar aborrecido com o descontentamento. O inventor Charles Kettering disse: "Um problema bem exposto já está meio resolvido." Depois, em segundo lugar, deve imaginar vivamente a meta a longo prazo. Terceiro, deve criar o entusiasmo relacionando todos os benefícios decorrentes para você, sua família e todos os interessados. Quarto, deve dedicar-se, comprometer-se, submeter-se à realização desse propósito.

A consecução do seu propósito está garantida desde o momento em que você se compromete com isso. A realização levará tempo.

A imaginação sonha, as metas dirigem, o entusiasmo impulsiona e a perseverança produz.

Deus, Dai-nos Homens!

A decisão é sua. Você pagará o preço do esforço perseverante — nunca desistindo, vacilando ou se desviando de seu propósito —, mantendo-se sempre fiel a ele? Você vencerá. Martinho Lutero mudou todo o rumo da história da teologia. Lembre-se de suas palavras: "Não é seguro nem prudente fazer algo contra a consciência. Aqui estou — e não posso fazer de outra forma. Deus me ajude. Amém."

> Deus, dai-nos homens! Uma hora como esta exige
> Mentes fortes, corações magnânimos, uma fé real e mãos
> [prontas;
> Homens que o desejo de poder não mata;
> Homens que os benefícios do poder não podem comprar;
> Homens com opinião e vontade;

Homens com honra; homens que não mintam;
Homens que possam aparecer diante de um demagogo
E condenar as suas lisonjas traiçoeiras sem piscar!
Homens altos, coroados pelo sol, que vivem acima da névoa
No dever público e no pensamento privado;
Pois enquanto a ralé, com seus credos surrados,
Suas grandes palavras e atos mesquinhos,
Funde-se em lutas egoístas, veja! A liberdade chora,
O erro governa a terra, e a Justiça, esperando, adormece.

(J.G. Holland)

Homem Nenhum É uma Ilha

Nós nos tornamos aquilo que são as pessoas com quem nos damos. Portanto, a sua perseverança para alcançar um propósito digno será parte do triunfo total do bem, da democracia, de tudo que é sadio em sua sociedade. Ao mesmo tempo, a preguiça é um câncer; e é contagiosa. Uma pessoa que descobre que consegue viver na lista dos desempregados é um desafio para que outros façam o mesmo. Para fracassar, basta não fazer nada. É só deixar-se ir com a maré. Mas nessa atividade fatal não se usam poder, músculos, força ou caráter. Estes elementos são utilizados quando lutamos contra a corrente, especialmente se é turbulenta e difícil de ser vencida.

O livro *Leaders and Leadership*,[39] de Bogardus, significou mais em minha vida do que, talvez, qualquer outro livro, com exceção da Bíblia. Ali, ele cita o almirante Dewey: "Talvez algum rapaz possa ter-me ultrapassado em tempo naquela competição que consiste em manter a cabeça sob a água, mas o meu recorde nunca foi batido em minha época."

John Wesley, que viajou a cavalo e de navio a vela, percorreu

[39] Emory S. Bogardus, *Leaders and Leadership* (Líderes e Liderança) (Nova York: Appleton-Century-Crofts, Inc., 1934), pág. 298.

um total de 400.000 quilômetros em sua vida, pregando até 15 vezes por dia, durante 50 anos. "Em suas viagens a cavalo, ele lia livros, e, no entanto, já com mais de 80 anos, reclama porque não consegue ler ou trabalhar mais de 15 horas por dia." Os médicos lhe disseram que teria de diminuir seu ritmo de vida. Ele obedeceu — pregando apenas oito vezes por dia. Referindo-se a Carlos Magno, Bogardus disse: "Era tão forte, dizem, que caçava o touro selvagem sozinho, e derrubava cavalo e cavaleiro com um só golpe. Acrescente-se a esses traços uma energia infatigável, uma vontade de ferro, um profundo amor pela ordem e justiça, firmes instintos religiosos e sob tudo isso uma exuberante natureza animal; era assim que o homem aparecia aos olhos de seus contemporâneos."

Quando Thomas A. Edison estava trabalhando no fonógrafo, teve dificuldade em reproduzir o som da letra S. Trabalhou 18 a 20 horas por dia, durante semanas e mais semanas, até descobrir a solução. Não desistiu.

Booker T. Washington concluiu: "Tudo que comecei foi com a idéia de que poderia vencer."

O Padre Que Perseverou

Francisco Palou, em seu livro *The Life of Junipero Serra*, narra a perseverança desse padre católico para conseguir realizar a sua obra no Oeste: "Quando o governador viu o estado em que ele estava, disse-lhe: 'O reverendíssimo sabe que não pode acompanhar a expedição. Estamos a apenas seis léguas do nosso ponto de partida. Se o reverendíssimo permitir, eles o carregarão de volta à primeira missão, para que possa recuperar-se enquanto continuamos nossa viagem.' Mas o nosso venerando padre, que nunca desistira, respondeu-lhe: 'Por favor, não me fale mais nesse assunto, pois tenho fé em Deus, que me dará forças para chegar a San Diego, já que as recebi para chegar até aqui, e caso não seja a vontade Dele, me resignarei com a Sua vontade sagrada. Mesmo que eu morra no caminho, não voltarei; podem enterrar-me aqui, pois ficarei muito contente no meio desse povo pagão, se for essa a vontade de Deus.'"[40]

A perseverança e a determinação infundem uma grande coragem. Lyman Abbott, em *Henry Ward Beecher*, conta o seguinte incidente: "Em Elizabeth City, New Jersey, Beecher ia dirigir-se a um bando de desordeiros que declararam que o matariam se ousasse pregar ali. Cercado por seguidores fiéis, foi levado ao salão e ao tablado. Começou a falar com as seguintes palavras: 'Senhores, fui informado de que se tentasse falar aqui hoje seria morto. Vou falar, e, portanto, terei de morrer. Porém, antes de me matarem, tenho um pedido a fazer. Todos os que pretendem manchar suas mãos com o meu sangue venham até aqui apertar a minha mão, antes de cometerem o crime, pois quando eu morrer, irei para o céu e, portanto, não tornarei a vê-los.'"[41] Eles o ouviram até o fim. Quem poderia opor-se a tal coragem e perseverança?

A Coragem Sobrepuja o Covarde

Quando Samuel Gompers presidia uma acalorada reunião da Federação Trabalhista Americana, realizada em Albany, Estado de Nova York, foi assaltado. "John Brophy correu dos fundos da sala, saltou por cima da barra e chegou ao tablado onde eu estava. Apontou-me um revólver. Não há dúvida de que foi uma cena assustadona. Não toquei na arma, nem fiz qualquer tentativa de tocar na mão dele, mas com a minha mão esquerda peguei na lapela do seu paletó e estendi a minha palma direita; no tom mais enfático que encontrei, disse: 'Entregue-me essa arma.' Ele não a entregou; ainda mais alto e com toda a ênfase possível, repeti a ordem. Quando falei pela terceira vez, ele

---

[40]Francisco Palou, *The Life of Junipero Serra* (A Vida de Junipero Serra) (Pasadena, Calif.: George W. James, 1913), pág. 71.

[41]Lyman Abbott, *Henry Ward Beecher* (Boston: Houghton-Mifflin Company, 1903), pág. 316.

deixou cair o revólver em minha mão e houve um tumulto geral. Eu então o protegi contra os outros."[42]

Gompers era dedicado às idéias trabalhistas. A perseverança lhe dera determinação e coragem. Ele não permitia que o impedissem.

Você pode construir uma torre de sucesso fantástico, porém primeiro deve desenhar mentalmente os esboços arquitetônicos. Depois, terá de colocar um tijolo todos os dias. Se puser um tijolo ou mais todos os dias, seu castelo será construído, sua torre concluída e você se postará lá para que todos o vejam e respeitem durante toda a sua vida, e até após ela.

A decisão cabe a você, que pode ter sucesso, mas pagando o preço da perseverança, pois esta dá forças à determinação. Você não pode continuar a fazer uma única coisa com perseverança sem criar uma determinação forte enquanto o faz.

Exercício: O Poder da Perseverança

Uma ação persistente gera o poder e o hábito do sucesso:

1. Reformule o seu propósito primordial. Depois junte a isso a ação necessária à sua realização.

2. De que modo você cultivará o hábito dessa ação persistente?

3. O gênio é o poder de realizar um esforço continuado. Quais os cinco benefícios que você desfrutará depois que tiver alcançado o seu propósito?

   A.
   B.

---

[42] Samuel Gompers, *Seventy Years of Life and Labor* (Setenta Anos de Vida e Trabalhismo) (Nova York: E.P. Dutton and Company, Inc., 1925), pág. 277.

C.
D.
E.

4. Diante dos 95% que fracassam, você será um gênio. Relacione os motivos por que não foi perseverante no passado.

A.
B.
C.

Diga de que modo vai vencer cada um deles.

A.
B.
C.

23. A Perseverança Tem Alta Rentabilidade

A SUA CHAVE para o sucesso pessoal de hoje é a perseverança. Você pode ter sucesso se pagar o preço da perseverança, que gera a paz. Vejamos o caso de dois homens. Um deles não tem determinação, propósito, direção ou metas. É um vagabundo, se for pobre; é um *playboy*, se herdou uma fortuna. Será feliz?

Agora vejamos o segundo homem. Com perseverança, tenta alcançar uma meta de valor e desafiadora, seja ele o leiteiro ou o advogado de uma corporação. Sabe para onde vai. Tem o prazer da realização. Leva para casa o cheque de seu ordenado, semanal ou mensalmente, com uma sensação de realização. Reserva certa parte de seus ganhos para as necessidades religiosas e caritativas de sua comunidade. Investe pelo menos 10% como seguro para os tempos difíceis e a sua velhice. Atende aos compromissos da família. Agora diga-me, qual desses dois homens está em paz?

Sim, a perseverança gera a paz e o contentamento no coração do homem. A verdadeira paz surge quando utilizamos nossas habilidades, nossos poderes e talentos para alcançar uma meta digna. Quanto mais determinado e ocupado o indivíduo, mais feliz será. O reitor Briggs[43] frisou: "Faça o seu trabalho. Mas não pare aí. Faça um pouco mais, por generosidade, pois isto vale tanto quanto todo o resto. Se tiver dúvidas, como deve ter, e se sofrer, como deve sofrer — faça o seu trabalho. Ponha nisso o seu coração, e o céu se desanuviará. Então, de suas próprias dúvidas e do sofrimento nascerá a alegria suprema da vida."

A mãe cujo objetivo primordial na vida é tornar os filhos maduros, cidadãos notáveis da pátria, que se contenta alegremente com os esforços para lhes dar o melhor que pode em matéria de treinamento do caráter e em orientação pessoal, não será neurótica. O seu propósito exige perseverança, e seus esforços perseverantes dia a dia geram a alegria e a paz em seu coração.

Um Lema Para Tornar Alegre o Seu Trabalho

Você gosta do seu trabalho? Você se levanta de manhã ansioso por ir trabalhar? Tem dificuldade em largar o trabalho, no fim do expediente, para voltar a casa, à família e às responsabilidades cívicas e religiosas? Você gosta de levar seu trabalho para casa, não por necessidade, mas pela alegria vibrante da realização? Acha difícil juntar um feriado e o dia de folga? Não estou sugerindo que você se torne um viciado no trabalho, como o fazem algumas pessoas, por estarem envolvidas neuroticamen-

[43] Reitor Le Baron Russell Briggs, de Harvard, e mais tarde presidente de Radcliffe.

te. Mas você trabalha só pelo prazer de trabalhar? Gosta do seu novo trabalho?

Estudos recentes revelaram que muitas pessoas, aliás, a grande maioria, não gostam de seu trabalho, mas quando lhes perguntam: "O que você gostaria de fazer?" — não têm resposta. Repare no negativismo da coisa: não são felizes como estão, mas não sabem para onde desejam ir — não têm alegria nem paz porque não têm perseverança. Vivem pelo dinheiro, e não pelo propósito.

Torne um de seus lemas o seguinte: "A maior utilidade da vida é usá-la de tal modo que a utilidade de sua vida dure mais que esta." Encontre num propósito maior do que você e com perseverança faça com que todas as suas habilidades, capacidade, poder mental e personalidade incidam sobre a persecução dessa meta. Você terá paz em seu coração. Louis Kossuth disse: "A palmeira cresce melhor sob um grande peso, e assim é com o caráter do homem... As dores mesquinhas dos pequenos cuidados diários muitas vezes deturpam o caráter do homem, mas as grandes desgraças raramente o fazem."

Quanto Mais Duro o Treinamento, Melhor o Produto

O peso de uma responsabilidade grande e gloriosa que envolva um propósito dinâmico buscado com perseverança não lhe quebra as costas, nem produz a abulia ou o esgotamento nervoso. Pude observar o técnico Frank Broyles, agora na Universidade de Arkansas, treinando seu time, levando-o ao auge da perfeição física, de ritmo e de jogo de equipe, utilizando uma ciência das leis da realização no futebol. Sua história na Confederação do Sudoeste, ano após ano como campeão ou ajudando o campeão, é uma prova de que, quanto melhor o treinamento, melhor o produto. A perseverança traz a paz na realização e a satisfação de alcançar a meta. O técnico Bud Wilkinson, na ocasião na Universidade de Oklahoma, mandava os jogadores subirem, de sapatos de tênis, os degraus do estádio desde o campo até o topo, levando ao auge da perfeição a sua capacidade física. Os times treinados por ele através dos anos têm demonstrado a importância da perseverança. Há uma sensação de paz em ser membro de uma organização de campeões.

Nós que estávamos nas fileiras não compreendíamos o que estava sendo feito durante aqueles meses agoniados de treinamento rigoroso, em 1944 e 1945, enquanto a nossa divisão era afiada ao máximo da perfeição militar, no meio das florestas e nas praias, atravessando a vau os rios e escalando as montanhas em Guadalcanal, preparando-nos para a invasão de Okinawa. Porém, o comandante de nossa divisão, general-de-divisão Lenuel C. Shephard Jr., sabia o que estava fazendo, e a Sexta Divisão dos Fuzileiros Navais recebeu a Condecoração Presidential Unit Citation porque nos conduziu, pagando com perseverança o preço da determinação. O resultado foi a paz. No caso, a paz pessoal da realização individual que surge no coração do homem quando ele sabe que fez o melhor que pôde, e que esse melhor é parte de todo o bem que o cerca.

Perseverança Dá uma Noiva

Você conhece o caso do rapaz que gostava de uma moça, mas foi transferido pela firma em que trabalhava para outro local, durante um ano? Ele sabia que a perseverança valia a pena, de modo que resolveu conservar a atenção dela enviando-lhe um cartão-postal todos os dias, durante um ano. No final do ano, ela se casou... com o carteiro. Ora, a perseverança daquela visita diária pelo carteiro fez a moça reparar nele. Ela não resistiu a tal perseverança.

Hugh Blair disse: "O trabalho não é apenas o meio de aperfeiçoamento, mas também a base do prazer... Quem lhe é estranho pode possuí-lo, mas não desfrutá-lo, pois é apenas o trabalho que dá o gozo ao prazer... É a condição indispensável para se ter uma mente sadia num corpo são, e o meio indicado para todos os bens do homem." A alegria paira sobre a cabeça do homem que ama a sua ocupação.

Na Bíblia, Jó, 11:15-19, diz: "...serás estável e não temerás. E também esquecerás a tua miséria e lembrar-te-ás dela como de águas que passaram. E se levantará pela tarde sobre ti uma luz como a do meio-dia; e, quando te julgares destruído, surgirás como a estrela da manhã. E terás confiança pela esperança que te será proposta, e, sepultado, dormirás, tranqüilo. Repousarás e não haverá quem te amedronte."

Lembra-se das vezes em que iniciou um trabalho e depois parou no meio? Deixou-se distrair por outra coisa ou apenas não teve autodisciplina para completar a tarefa. Além de ter ficado constrangido quando seus companheiros lhe pediram a informação e você não a tinha, e de ter ficado magoado quando o prazo acabou e seu trabalho e outros foram prejudicados, você perdeu o respeito próprio — não completou o seu trabalho. Nunca se esqueça de que a sua auto-imagem não passa de um reflexo do que os outros pensam de você, pois as atitudes dos outros influem sobre nosso ponto de vista e nossos estados de espírito constantemente. Se os outros apreciam os nossos esforços, o nosso trabalho e a nossa presença, isso se reflete em nosso ponto de vista pessoal. Certamente, se forem negativos para conosco, também seremos negativos. Portanto, conquiste a paz da auto-realização com perseverança e terá sucesso.

O Seu Caminho de Oito Pontos Para o Sucesso

Em seu livro, *How to Turn Failure Into Success*, Harold Sherman apresenta o código da persistência: "(1) Nunca desistirei, enquanto souber que tenho razão. (2) Acreditarei que todas as coisas darão certo se eu ficar firme até o fim. (3) Serei corajoso e não desanimarei diante dos obstáculos. (4) Não permitirei que ninguém me intimide ou me afaste de minha meta. (5) Lutarei para vencer todas as insuficiências físicas e desvantagens. (6) Tentarei novamente, novamente, e mais uma vez, realizar o que desejo. (7) Tomarei alma e fé novas da noção de que todos os homens e mulheres de sucesso tiveram de lutar contra a derrota e a adversidade. (8) Nunca cederei ao desânimo e desespero, sejam quais forem os obstáculos que pareçam defrontar-me."[44]

John Ruskin disse: "Deus não pretende que homem algum viva neste mundo sem trabalhar; porém, não me parece menos evidente que pretenda que todos os homens sejam felizes em seu trabalho." Calvin Coolidge afirmou: "Nada no mundo pode substituir a perseverança. O talento não o fará; nada é mais comum do que homens malsucedidos e cheios de talento. O gênio tampouco; o gênio não recompensado já é proverbial. A instrução tampouco; o mundo está cheio de vadios instruídos. Somente a perseverança e a determinação são onipotentes. O lema 'Prossiga' resolveu, e sempre resolverá, os problemas da raça humana."

Tudo cabe a você. Você pode ter sucesso. Pode ter paz em seu coração e olhar para cada dia com alegria e determinação. Pode chegar ao fim da jornada da vida com satisfação, realização e milhares de amigos, levando uma vida maravilhosa e ricamente cheia e produtiva. Eu o desafio a encontrar um propósito; procure alcançá-lo e terá paz em seu coração.

24. A Perseverança É Instrução

A SUA CHAVE para o sucesso pessoal é conseguir a resistência por meio da perseverança. A palavra perseverante significa perseverar, ser tenaz. Tenaz significa determinado.

Clarence Day, em seu livro *Life With Father*, sugere o poder

[44]Sherman, ibid., pág. 138.

da perseverança: "Meu pai declarou que iria comprar uma nova sepultura no cemitério, só para ele. 'E será uma de esquina', acrescentou triunfante, 'de onde eu possa sair'. Minha mãe olhou para ele, assustada, mas com admiração, e cochichou ao meu ouvido: "Estou quase acreditando que ele conseguirá fazer isso."[45] Essa é uma declaração de um homem tão perseverante em suas atividades diárias que seus entes queridos chegavam a esperar que também fosse eficiente na eternidade.

Você já chegou ao ponto da vida em que se pensa se tudo valeria a pena? Em que se faz tanto esforço e as soluções não aparecem? Você está a ponto de desistir. Mas lembra-se da ocasião em que resistiu mais um pouquinho e de repente tudo entrou nos eixos? Você ficou assombrado ao ver a solução tão próxima, a luz da manhã tão perto. Lembre-se de que a hora mais escura é a que antecede a aurora.

Max Otto escreveu algo que cabe aqui: "Nas cabeceiras do rio Ohio, onde as fraldas dos Alegânis contêm um dos riachos mais belos dos Estados Unidos, às vezes acordamos de madrugada para ver que uma pesada bruma apagou a passagem, deixando apenas um círculo estreito vagamente visível em volta de nós. Quando isso acontece, o jeito é se conformar com o tempo e esperar que ele mude, ou fazer o que tiver de ser feito, com o melhor ânimo possível, conversando com o seu vizinho, que você mal distingue e não consegue perceber o que está fazendo. Enquanto você se mantém ocupado, a bruma passa. Então, você vê o rio correndo para o Mississípi. Depois vê a margem oposta, as casas da cidade, os prédios mais altos, as torres dos colégios e das igrejas. Aos poucos, a névoa sobe para os morros, paira um pouco como um véu rasgado no topo e desaparece, revelando um céu azul. E o trabalho que você começa na névoa continua à luz do sol."[46]

---

[45] Clarence Day, *Life With Father* (A Vida com Meu Pai) (Nova York, Knopf, 1935).
[46] *Our Changing World* (Nosso Mundo em Mudança), nº 574.

Corteje Três Senhoras ao Mesmo Tempo

Resistir mais um pouco poderá proporcionar-lhe fabulosas realizações que se despejam sobre você, ultrapassando de longe tudo que pudesse imaginar. O mundo pertence a quem for perseverante. É seu. Está esperando que você o alcance. Mas, lembre-se, a fortuna, a fama e o sucesso são senhoras volúveis, que têm de ser cortejadas. Como a solteirona proverbial — querem casar, mas com a certeza de serem queridas. Já viram amigas que foram magoadas através dos anos, de modo que estão aguardando que você prove o que é. Se você resistir, perseverar, persistir, em breve conseguirá a mão delas.

A oportunidade sempre chega disfarçada em trabalhos pesados, mas Deus nunca fecha uma porta sem abrir outra. As grandes oportunidades da vida muitas vezes se abrem no caminho dos deveres diários. Você tem de continuar a suportar as coisas, dia após dia, sem nunca regredir, e terá sucesso.

O Trabalho É o Amor Tornado Visível

Em *The Prophet* (O Profeta), Kahlil Gibran escreveu: "O trabalho é o amor tornado visível. E se você não puder trabalhar com amor, e sim com desagrado, será melhor que largue o seu trabalho e se sente às portas do templo pedindo esmolas aos que trabalham com prazer."

"O trabalho é o amor tornado visível." Lembra-se do amor de mãe, expresso de tantas maneiras maravilhosas? Lembra-se dos dias da depressão econômica — como restringiam tudo? Meu pai era pastor de uma igreja numa cidadezinha. Estava lá havia três anos e seu ordenado permanecia com atraso de um ano; só lhe pagavam 100 dólares por mês. Como o amor de meus pais se manifestou de tantas maneiras maravilhosas! O trabalho é o amor em atividade.

O lar é um abrigo e um céu na terra, um refúgio das horas

mais difíceis daquele que trabalha. O homem pode suportar qualquer coisa no trabalho, se tiver alegria, felicidade e paz em casa. Pode realizar muito mais no lar se sentir que o seu trabalho é o amor tornado visível, que o está fazendo porque ele é uma expressão de seu amor para com seus filhos e sua esposa, e talvez para com seus pais idosos. Você pode suportar tudo, e na resistência encontrará o sucesso.

A Instrução Estabelece a Renda

A perseverança compensa de modos assombrosos. Uma pessoa com diploma do curso secundário ganha mais 50.000 dólares em sua vida do que a que abandona os estudos antes de se diplomar. Isso significa que cada dia que um menino permanece na escola secundária lhe vale 70 dólares. E, claro, um curso superior vale aproximadamente 150.000 dólares a mais, na vida de uma pessoa, do que uma instrução elementar. A perseverança nesses anos de formação compensa durante toda a vida.

A resistência é o sucesso. Goethe disse: "Aquele que não se move para a frente vai para trás." Nada fica estacionário. O tempo não fica esperando que você resolva o que vai fazer. Portanto, resista, persista, fique com sua idéia, persiga-a.

Existe algo pior do que duvidar de si, ter pena de si, condenar-se? Isso destrói a capacidade de resistir e a persistência. Hillyer escreveu: "A dúvida quanto a si mesmo ocorre porque toda atividade humana envolve alguma outra pessoa, cujo louvor ou censura nos parecem desmedidamente importantes. Nós nos impomos uma meta de perfeição e, gemendo, chegamos à conclusão de que não pode ser alcançada. O perfeccionismo é um estado de espírito perigoso num mundo imperfeito. O melhor jeito é esquecer as dúvidas e tratar da tarefa que se tem em mãos. Enquanto se trava a batalha ou o bolo está assando no forno, deixe o resultado para o futuro, onde deve ficar. Se você estiver fazendo o melhor que pode, não terá tempo para se preocupar com o fracasso."[47]

Quem está comandando a sua vida? Lembre-se do que eu disse antes — que a sua mente é a única coisa neste mundo sobre a qual você tem um controle total. Domine-a. Já que ela lhe foi dada por Deus e é fantástica em suas possibilidades, não a submeta a qualquer outro ser humano. Conserve-a como o poder de sua própria realização. Portanto, não permita que as críticas dos outros, as dúvidas, perguntas ou comentários cínicos o afetem. Resolva o que vai fazer. Não permita que nada o impeça de fazê-lo. Persista sempre e realizará.

25. A Perseverança É Produtiva

A SUA CHAVE para o sucesso pessoal é a perseverança, porque é produtiva. Você pode ter sucesso.

Há pouco tempo, no aeroporto de Montgomery, Alabama, conheci um empresário de sucesso, de Atlanta, chamado Smith. O amigo que nos apresentou contou-me sobre o grande sucesso do Sr. Smith em seu negócio de venda de peças de automóveis por atacado. Quando o felicitei, ele respondeu: "Ah, tive sorte." Mas o sucesso não é sorte. Pode ser previsto e assegurado. Fiz mais perguntas a respeito do Sr. Smith, e eis a história:

Os vendedores de peças de automóveis estavam com dificuldades para obter mercadorias. Os suprimentos chegavam muito devagar, de modo que o Sr. Smith sugeriu a seus sócios que por 2% do volume acima do custo ele abriria um depósito, espécie de câmara de compensação, que lhes forneceria as peças mais rapidamente, com maior facilidade — prestando-lhes um

[47] *Our Changing World* (Nosso Mundo em Mudança), nº 788.

serviço muito melhor do que o que estavam recebendo. Todos concordaram em entrar no convênio. Em 1962, aquele depósito realizou negócios no montante de 10.000.000 de dólares. Ora, avaliem o que são 2% disso. Em 1963, esperavam fazer negócios do valor de 13.000.000 de dólares. Sorte? Não. O Sr. Smith teve uma idéia e levou-a a termo com perseverança. Hoje os resultados estão ali, como recompensa, como a realização máxima de um homem perseverante.

Em Mateus, 7:7-8, lemos: "Pedi e vos será dado; buscai e achareis; batei e abrir-se-vos-á. Porque todo o que pede recebe; e o que busca encontra; e a quem bate, abrir-se-á."[48] Se você continuar a trabalhar, a pedir, a procurar, inevitavelmente alcançará a sua meta.

Não Existe a Sorte

Há pessoas que destroem a iniciativa por sua atitude para com a sorte, que pode ser tão inutilmente fatalista quanto o *"Alá o deseja"*. Abraham Lincoln teve pouca sorte nas eleições, mas sua perseverança lhe valeu a presidência. Devíamos aprender mais com as nossas derrotas, examinando-as com maior cuidado, do que aprendemos com nossas vitórias. Já verifiquei, pela leitura sobre centenas de indivíduos, pela observação pessoal de dúzias de amigos, e por minha experiência pessoal, que quanto mais a gente trabalha, mais sorte tem.

A Perseverança Produziu o Pontiac

No início da Segunda Guerra Mundial, Doug Lewis, hoje reitor do Departamento Masculino da Universidade Hannibal-LaGrange, em Hannibal, Missouri, tinha um novo conversível

[48] Bíblia Sagrada, ibid.

Oldsmobile. Um amigo pessoal seu, agente da Pontiac numa cidadezinha do Missouri, quis comprar o carro. Fizeram o seguinte acordo: se Doug lhe entregasse o carro, o agente do Pontiac lhe garantia que o primeiro carro que recebesse no fim da guerra seria dele, Doug. Lembram-se de como era difícil conseguir carros naquele tempo, já que as linhas de montagem os entregavam em pouca quantidade? Doug esperou algumas semanas e depois descobriu que um carro tinha sido entregue ao amigo, a mais de 150 quilômetros de onde ele morava. Ligou-lhe, interurbano, e disse:

— Estou esperando o meu carro.

O homem começou a balbuciar:

— Espere aí. Eu lhe prometi o primeiro carro depois que minha mulher, meu gerente de vendas, o gerente de serviços e um demonstrador tivessem recebido os seus. Você terá o primeiro que eu tiver à venda. Antes, preciso fazer o meu estoque.

Doug não discutiu com ele. Apenas tomou um ônibus, chegou à cidadezinha na quinta-feira de tarde, foi ao escritório do agente da Pontiac, cumprimentou-o e ficou conversando com ele. Chegou a hora de fechar o expediente. O agente sugeriu:

— Venha até a minha casa jantar conosco.

Ele foi. Levou a mala. Depois do jantar, conversaram. A certa altura, o agente disse:

— Durma aqui.

— Com muito prazer — respondeu Doug.

No dia seguinte, tomaram o café da manhã. Doug o acompanhou à loja. Ficou ali o dia todo. À noite, foi para casa com ele. Dormiu ali. No dia seguinte, acompanhou o homem sem descanso. Não disse uma palavra sobre o automóvel. No sábado, passou a noite lá, outra vez. No domingo foi à igreja, ficou com o vendedor toda a tarde e a noite de domingo. Na segunda-feira, foi à loja com ele. Por fim, na manhã de terça-feira, o agente pegou as chaves do bolso, jogou-as no colo de Doug e falou:

— Tome aí. Você me esgotou.

Isso é perseverança. Os resultados chegam para as pessoas que perseveram. Isso cabe a você.

Tenha Pensamentos Grandiosos

Em seu livro, *A Mágica de Pensar Grande*, Schwartz disse: "(1) Acredite que a coisa pode ser feita. Acreditar numa solução prepara o caminho para a solução. (2) Não permita que a tradição paralise a sua mente. Seja receptivo a novas idéias. Experimente novos métodos. Seja progressista em tudo que fizer. (3) Pergunte-se diariamente: 'Como posso fazer melhor as coisas? Como posso melhorar?' (4) Pergunte a si mesmo: 'Como posso fazer mais?' A capacidade é um estado de espírito. (5) Pratique perguntar e escutar. Pergunte e escute, e obterá matéria-prima para chegar a decisões seguras. Lembre-se de que as pessoas importantes monopolizam os ouvidos; as pessoas insignificantes monopolizam a fala. (6) Amplie a sua mente. Estimule-se. Ligue-se a pessoas que possam ajudá-lo a pensar em novas idéias, novos meios de fazer as coisas e persista para sempre."[49]

Depois de um belo concerto, uma senhora abordou a pianista e exclamou:

— Eu daria tudo para tocar como a senhora.

A pianista respondeu:

— Ah, não daria não.

Fez-se um silêncio no grupo. Tentando de novo, a senhora disse:

— Eu daria tudo mesmo para poder tocar piano como a senhora.

— Não daria não, pois se desse, poderia tocar tão bem, talvez até um pouco melhor do que eu. A senhora daria tudo para tocar como eu, a não ser o tempo, a não ser a única coisa necessária para realizar a tarefa. A senhora não ficaria sentada exercitando-se hora após hora, dia após dia, ano após ano. — Depois deu um sorriso de simpatia. — Compreenda — disse ela — que não a estou criticando. Estou dizendo que quando a senhora diz que daria tudo para tocar como eu, não está falando sério.

---

[49] Schwartz, ibid., págs. 80-81.

Você pode ter quase tudo na vida, se estiver disposta a pagar um preço. Cabe a você. A questão é: "Você vai perseverar? Vai se manter firme? Tem determinação? Os resultados estão à sua espera. A realização está perto. Mas você não deve vacilar. Não é bom perseguir coelhos quando se está caçando codornas."

O Momento Mais Crítico de Sua Vida

Segundo Napoleão, há um período de 15 minutos em todas as batalhas em que a decisão pode oscilar para qualquer dos lados. O general que reconhecer esse período e arriscar tudo que tiver na batalha vencerá. Mas o general que não o reconhecer, ou que for tão cauteloso que não queira arriscar as suas reservas, não apenas perderá a batalha, mas inevitavelmente a campanha.

É este o problema com tantas vidas. As pessoas não sabem reconhecer esse momento crítico, e mesmo que o reconhecessem, não arriscariam tudo que possuem. Há um momento, na sombra do sucesso, em que você tem de queimar as pontes que atravessou.

Os romanos chegaram aos rochedos de Dover. Primeiro foram expulsos. Quando tornaram a chegar, os saxões estavam nos rochedos olhando para baixo, em número muito maior do que os romanos. Mas estes desembarcaram e, levando para a terra os seus suprimentos, com um feito dramático e decisivo venceram o dia. Atearam fogo em seus barcos de madeira e empurraram-nos de volta ao Mar da Mancha, para acabarem de arder e afundar. Então, com grande determinação, desembainharam as espadas e marcharam resolutos para a batalha. Os saxões fugiram. Uma tal perseverança, um comprometimento total assim era inimaginável. Os romanos venceram por desistência do inimigo.

Conhece o momento em que se deve comprometer, e está disposto a fazê-lo? Os resultados da perseverança são seus. Não há meio de falhar. Você aprendeu a lei do sucesso, está desafiando-a e exigindo que ela trabalhe por você e não contra. Eu o desafio a ter sucesso. Você pode tê-lo. A decisão é sua.

Exercício: A Perseverança Tem Alta Rentabilidade

A perseverança é o bate-estacas que ajuda a construir a estrada para o sucesso:

1. O seu propósito mais importante é seu desde o minuto em que você inicia uma ação perseverante para a sua realização.

   A. Relacione o tempo necessário cada dia para tal ação.

   B. Diga como tornará isso o hábito de sua vida.

2. Relacione abaixo os oito pontos especificados por Harold Sherman para se chegar ao sucesso:

   A.
   B.
   C.
   D.
   E.
   F.
   G.
   H.

3. Que modificações em sua vida, negócios, família, horário etc. pretende fazer a fim de poder seguir o seu propósito com perseverança?

   A.
   B.
   C.
   D.
   E.

Seção VI

A MOTIVAÇÃO

26. O Que Motiva os Homens?

A SUA CHAVE para o sucesso hoje é que você é motivado pelo que crê.

George Elliot[50] disse: "Não devemos questionar os motivos com curiosidade em excesso. Eles podem se tornar fracos, ao serem expressos: o aroma se mistura com um ar mais vulgar. Devemos manter a semente que germina longe da luz." A experiência, porém, prova que ela estava errada. Os motivos são tão vitais quanto as batidas de nosso coração. H.W. Beecher falou a verdade ao dizer: "Deus fez o homem para agir de acordo com motivos, e ele não agirá sem eles, assim como um barco não anda sem vapor ou um balão sem gás." Descubra o que motiva os homens e poderemos apertar o botão, virar a chave que faz com que o homem realize milagres.

Seis Necessidades Básicas

No livro *How to Live 365 Days a Year*, Schindler relaciona as seguintes seis necessidades básicas:[51]

(1) A necessidade de amor. Só existe uma emoção humana indispensável, que é a ternura. A pessoa é afetada a vida toda pela quantidade de amor que recebeu, ou deixou de receber em criança. Naturalmente, o seu amor romântico o afeta nos anos da juventude e de casado. Os velhos também têm de ser amados.

(2) A segunda necessidade básica é a segurança. Alguns

[50]Pseud. de Mary Ann (ou Marian) Evans.

[51]Schindler, ibid., pág. 198.

psiquiatras acreditam que toda a personalidade da criança é afetada se ela for desmamada cedo demais.

(3) A terceira necessidade básica é a da expressão criativa. A realização de alguma coisa é um fator bastante satisfatório na vida. Resolva qual o setor em que tem maior talento e realize-se ali. Encontrará grande satisfação.

(4) A quarta necessidade é o reconhecimento. Quem deseja ser apenas um número? Quem quer ser apenas um dado estatístico? Este mundo tão organizado sepulta o indivíduo tragicamente na multidão. O reconhecimento, em minha opinião, é o mais dinâmico dos fatores de motivação.

(5) A quinta é a necessidade de experiências novas. Um dos fatores satisfatórios em minha vida tem sido planejar a próxima experiência. Assim que alcanço uma meta, imediatamente planejo a seguinte. Gosto de ter compromissos com meses — anos, mesmo — de antecedência, e sonho acordado com esses próximos acontecimentos.

(6) A sexta necessidade básica é a auto-estima. Quando a perdemos, morremos intimamente. O maior perigo que existe hoje nos Estados Unidos não é o homem com o superego, mas sim aquele que tem a estrutura do ego inadequada. Uma pesquisa recente revelou que 75% dos jovens que ingressam nas universidades e 75% das pessoas que procuram trabalho nos departamentos de pessoal não têm uma opinião positiva e definida sobre sua capacidade.

Quatro Princípios de Motivação

No livro *The Magic Powers of Emotional Appeal*, o autor[52] diz que há quatro princípios de motivação:

1. Autoconservação. Este, naturalmente, é o mais forte de

---

[52]Roy Garn, *The Magic Power of Emotional Appeal* (O Poder Mágico da Atração Emocional) (Englewood Cliffs, N. J., Prentice-Hall, Inc., 1960), pág. 20.

todos. Quando o homem se vê imprensado contra um muro e está em risco a sua própria vida, luta com uma força sobrenatural.

2. O reconhecimento. Este é o segundo em importância. Homem nenhum deseja ser um imbecil, e no momento há muitos assim. Perderam a identidade e o respeito próprio.

3. O terceiro princípio da motivação é o romance. Certamente, quando existe o romance no trabalho de um homem e em seu lar, sua vida é dinâmica.

4. A motivação do dinheiro. Esta, em minha opinião, é a mais fraca das quatro.

Todos os homens são individualistas e diferentes entre si. Temos de aprender muito sobre o homem. Precisamos compreendê-lo. Quando descobrimos qual desses princípios motivadores tem maior significado para ele, podemos fazer da sua vida uma trajetória magnífica, em vez de uma odisséia sem significado.

Goethe disse: "Se você tratar um indivíduo como ele é, ele permanecerá como é. Mas se o tratar como se fosse o que deveria e poderia ser, ele se tornará o que deveria e poderia ser." Os homens são motivados por sonhos, desejos e vontades. Archibald Alexander disse: "Os homens são mais responsáveis por seus motivos do que por qualquer outra coisa; e, primordialmente, a moral consiste nos motivos, isto é, nos afetos."

Motive-se

O homem emocionalmente maduro consegue motivar-se melhor do que aquele que tem emoções diversas, confusas e imaturas. Eis algumas coisas importantes para ajudar a motivação: a capacidade de confiar nos outros; a capacidade de ter autocrítica; um profundo senso de autoconfiança; o poder da capacidade sexual; e a capacidade de dirigir e administrar sem se envolver pessoalmente nos detalhes do trabalho.

Quando um homem está motivado, ele realiza. Tem sucesso. Seus desejos provocam a dedicação em seu trabalho, depois não pode permanecer no nível da mediocridade; tem de escalar as montanhas.

Lembram-se do trágico naufrágio do submarino atômico, o *USS Thresher*? Causou impacto a divulgação de notas sobre a precariedade do trabalho de construção daquele submarino formidável — soldas abaixo do padrão, má montagem e ligações elétricas mal soldadas. Em conseqüência dessa falta de motivação, 100 homens morreram.

Há pouco tempo, comprei um carro esporte. Mal acabei de sair da agência, descobri que o rádio não estava funcionando a contento. O motivo — dúzias de ligações mal soldadas. O mecânico não estava motivado ao realizar sua tarefa.

Isso se manifesta também na trágica evasão dos escolares. Não há motivação. Em vez de se prepararem para uma carreira primeiro pela escola secundária e depois pela faculdade e cursos técnicos, muitos jovens limitam-se a procurar um emprego. Aprendem isso com os pais. Com sinceridade.

Motive-se e Brilhe

O Dr. John W. Gardner, presidente da Carnegie Foundation, disse: "Um bombeiro excelente é infinitamente mais admirável do que um filósofo incompetente. A sociedade que despreza a excelência no trabalho do bombeiro porque o seu ofício é modesto, e tolera a pretensão na filosofia por ser uma atividade elevada, não terá nem bons bombeiros nem uma boa filosofia. Nem seus canos nem suas teorias serão válidos."

Homens devidamente motivados são homens de propósito, dinamismo e dedicação.

Uma das contribuições realmente importantes para esse estudo da motivação foi dada por Bob Conklan, em seu trabalho *The Key To Motivation* (A Chave para a Motivação). Diz ele: "São as crenças, e não os benefícios, que realmente motivam." Concordo com isso. Eis algumas das perguntas que ele sugere que você faça a si mesmo:

1. Você trabalha por crença ou pelos benefícios que terá?
2. De que modo reage às críticas?
3. Que efeito a sua crença tem sobre o seu talento?
4. A sua crença motiva de verdade?

O homem que crê que o seu trabalho contribui para o bem dos outros, para fortalecer a sociedade, para beneficiar indivíduos, para o progresso de sua família e para fortalecer o princípio do americanismo, esse homem estará realmente motivado.

"São as crenças, e não os benefícios, que realmente motivam." Os homens são motivados pelo que crêem. Em que você crê? O trabalho que você faz é uma bênção para todos os homens alcançados pela sua atividade? Se for, você é um homem motivado.

27. Como Produzir Energia

ESTA É A SUA CHAVE para o sucesso hoje — produza uma energia dinâmica e terá sucesso.

A energia é a capacidade de agir. É uma determinação invisível, e todas as pessoas sadias a possuem para aquilo que as entusiasma.

Buxton afirmou: "Quanto mais vivo, mais me convenço de que o que distingue um homem do outro, o fraco do poderoso, o grande do insignificante, é a energia, a determinação invisível, um propósito formado e depois a vitória ou a morte. Essa qualidade produzirá tudo que é possível produzir no mundo; e não há talento, circunstâncias ou oportunidades que façam um homem sem isso."

Diversos incentivos podem ser utilizados para dar energia a você e a seus empregados: promoções, prêmios, desafios, concorrência, elogios, competições, prêmio-família, metas, placas e medalhas de honra, reconhecimento do progresso na administração colocando os nomes dos funcionários nas portas dos escritórios; tarefas especiais, viagens e melhores condições de trabalho.[53] Experimente isso e veja como funciona, pois no final das contas você terá de resolver por si o que é melhor em cada situação. Lembre-se, cada homem é diferente, e os fatores que dão energia a um homem podem não surtir efeito algum com outro.

Seja uma Pessoa Extrovertida

Já reparou que os indivíduos realmente enérgicos são bem ajustados emocionalmente? Lembre-se disso quando estiver pensando na importância de infundir segurança emocional em seus filhos. Eles então poderão enfrentar as dificuldades e tribulações da vida. Indivíduos bem ajustados e extrovertidos podem ser atingidos pelas piores tragédias e, no entanto, reerguer-se e repelir o desespero, enquanto se levantam. Estão por demais interessados pelos outros e pelo mundo em geral para se preocuparem consigo. Já vi indivíduos assim carregarem seu fardo de encargos durante anos, sem que ninguém soubesse que existisse. Eles o haviam escondido, em sua capacidade de atividade enérgica. Têm expressões felizes, extrovertidas e entusiásticas. A pessoa enérgica é capaz de encarar as intempéries da vida e navegar calmamente por esses mares conturbados, pois seus olhos estão nas estrelas e não sobre os mares.

Em um de seus programas *Our Changing World*, Earl Nightingale relacionou 15 maneiras de tornar a vida triste:[54]

(1) Pense em si. (2) Fale em si. (3) Use o pronome “Eu” o máximo possível. (4) Guie-se continuamente pela opinião dos outros. (5) Escute com avidez o que dizem a seu respeito. (6) Insista em mostras de respeito e consideração por você. (7) Exija uma

---

[53]Edward J. Hegarty, *How to Build Job Enthusiasm* (Como Criar Entusiasmo pelo Emprego) (Nova York: McGraw-Hill).

[54]*Our Changing World* (Nosso Mundo em Mudança), nº 676.

concordância total com suas opiniões. (8) Fique emburrado se as pessoas não demonstrarem gratidão por favores que lhes prestou. (9) Nunca se esqueça de um serviço que você pode ter prestado. (10) Espere que o apreciem. (11) Seja desconfiado. (12) Seja sensível a insultos. (13) Seja ciumento e invejoso. (14) Nunca se esqueça de uma crítica. (15) Não confie em ninguém, só em você.

Ora, para poder ser enérgico e emocionalmente maduro, faça exatamente o contrário de tudo isso. Pense nos outros. Não fale só em si, nem use a palavra "Eu". Faça o que sabe ser certo, a despeito do fato das pessoas concordarem ou não com você. Não se preocupe com o que pensem os outros. Não se importe se o respeitam ou não. Procure não tomar essas atitudes. Se o fizer, nunca servirá aos outros, pois egoisticamente desejará ser servido.

Depois de completar um serviço, passe para outro. Obtenha o seu prazer com o próprio ato e depois esqueça que o fez. Não espere ser apreciado. Nunca permita que o ciúme ou a inveja entrem em sua mente, e reconheça que a crítica parte de uma pessoa que precisa de auxílio e está doente intimamente. Reze por essa pessoa. Pratique a bondade. Dê a outra face e aprenda a confiar em todos, pois ao fazer isso estarás realmente confiando em si. Alguém disse: "Quem faz o bem pelo amor do bem não busca elogios nem prêmios, mas no final terá ambos."

Como Criar Energia

"Há dois tipos de energia. Um é físico, o outro mental e espiritual. Este é de longe o mais importante, pois da sua mente subconsciente você pode obter grandes poderes e forças nos momentos de necessidade."[55] Eis a fórmula para produzir uma energia dinâmica:

---

[55]Napoleon Hill e Clement Stone, *Success Through a Positive Mental Attitude* (O Sucesso por Meio de uma Atitude Mental Positiva) (Englewood Cliffs, N.J.: Prentice-Hall, Inc., 1960), págs. 181-182.

1. Estabeleça a meta. Nada se torna dinâmico até se tornar primeiro específico.

2. Mantenha o seu corpo em rígidas condições físicas. O Dr. Thomas Kirk Cureton, diretor do Laboratório do Bem-Estar Físico da Universidade de Illinois, diz que o homem pode estar em tão boas condições físicas aos 50 anos quanto aos 20, se desejar. O Dr. Cureton diz que o homem primeiro tem de treinar todo o seu corpo e depois esforçar-se ao limite de sua resistência e exceder esse limite com cada exercício. Esta é, pois, a arte de bater os recordes. Portanto, entre num programa de saúde física. Mantenha o seu físico sadio.

3. Alimente-se devidamente. Sobretudo, tome vitaminas com regularidade. Aos 34 anos eu estava cansado, faltava-me a energia física. Depois comecei a tomar vitaminas. Aos 40 anos, tinha muito mais energia do que aos 34.

4. Procure prestar serviço aos outros, diariamente. Pratique a Regra de Ouro. Lembre-se de que a maior parte das pessoas que você conhece tem muito mais problemas do que você. E nunca se esqueça de que algumas delas podem resolver seus problemas se receberem um pouco de encorajamento e de bondade.

5. Exprima a sua gratidão e bondade para com os outros. Agradeça à garçonete que lhe dá o *menu*. Agradeça ao cabineiro que lhe abre a porta do elevador. Você ficará assombrado ao ver como essa gentileza se propaga pelo dia. Em 1958, estive na Iugoslávia, como conferencista. Ao entrar naquele país, a pessoa tem de deixar o passaporte na delegacia da aldeia ou cidade em que estiver. A polícia fica com o documento até você seguir para outro lugar. Nas cidades maiores, este fica retido na recepção dos hotéis. Naquele estado comunista, eles sabem imediatamente onde você está em todos os momentos. Tratei a polícia comunista como trataria qualquer pessoa, agradecendo seus serviços, sorrindo, conversando por meio de meu intérprete, Aaron Jelowich. Eles sempre retribuíram essa gentileza. Foram amáveis comigo. Perguntei ao meu intérprete: "Por quê?" Respondeu: "Porque essas pessoas às vezes passam um ano inteiro

sem que ninguém lhes diga uma palavra amável. Apreciam tanto a sua gentileza que se comportam com amabilidade em retribuição." Se um comunista ateu deseja o amor, imagine como o desejam as pessoas com quem você entra em contato todos os dias!

6. Há uma energia renovada em todos os pontos de uma realização. Lembre-se de que você não está trabalhando para conquistar os louvores dos outros, mas sim porque acredita naquilo que está fazendo. Assim, terá aquela doce paz que lhe inunda o coração, a mente e todo o seu ser.

Energia Ilimitada

O estudo mais amplo que encontrei sobre a energia foi o de Bogardus, em *Leaders and Leadership*.[56] Segue-se um resumo desse estudo:

1. Aplicação. O trabalho é um degrau para a liderança. "John Wanamaker escandalizou Washington quando, como diretor dos Correios, ia trabalhar às sete e meia da manhã, duas horas e meia mais cedo do que o mundo oficial de Washington. Em 1928, aos 82 anos, trabalhava em seu escritório em Filadélfia das oito da manhã às seis da tarde."

2. Resistência. Muita força e um físico vigoroso levam a empreender e realizar grandes obras.

3. Perseverança. "A tenacidade de propósito é uma das qualidades da liderança. Não admite o desânimo. Quanto mais difícil o jogo se torna, mais altos os picos a que se ergue o jogador."

4. Coragem. "A energia se exprime por uma coragem elementar que implica liderança. A motivação religiosa pode transformar a energia numa coragem indomável."

5. Assumir a Responsabilidade Pessoal. "Se há uma coisa

---

[56]Bogardus, ibid., pág. 106.

que inspire os adeptos mais que tudo é ver alguém adiantar-se, arcar com um fardo duplamente pesado e estabelecer o ritmo. Todos ficam estimulados para assumir a responsabilidade."

6. Versatilidade. "A versatilidade pode manter o trabalho e a recreação numa proporção equilibrada, impedindo que a pessoa entre na rotina. Muitos cargos, por si, exigem uma grande versatilidade."

Crie uma energia dinâmica e será uma pessoa de sucesso.

28. A Fonte da Motivação

A SUA CHAVE para o sucesso hoje é criar um plano projetado e conseguir uma motivação.

Há muita gente que espalha a sua motivação em todos os sentidos, quando na verdade ela deve ser dirigida. Isso pode ser feito através de um plano projetado que alcança o ponto máximo da realização.

Sai do Seu Bolso

O homem que não consegue motivar-se tem de pagar a seu supervisor para fazer isso por ele. Earl Nightingale cita Lloyd Conant: "Enquanto a pessoa tiver de ser supervisionada, parte de sua renda vai para o supervisor." É por isso que os presidentes das grandes companhias ganham tanto dinheiro. São automotivados. É por isso que o pagamento decresce em proporção direta com a hierarquia dos cargos. Parte do que o contramestre da oficina ganha vai para o salário do gerente, e parte do que recebe cada empregado vai para o pagamento do contramestre.

Frank E. Pfeiffer, presidente da Reynolds and Reynolds Company, diz: "A gerência é o meio de fazer as coisas acontecerem, e a administração é a rotina de seguir certas normas estabelecidas, quer produzam resultados ou não." Você é um gerente ou um administrador? A verdadeira motivação surge quando o homem tem um plano realmente dinâmico do que vai realizar e se motiva dia a dia para a realização daquele propósito.

W. L. Burton, vice-presidente de vendas da Maritz Sales Builders, em St. Louis, Missouri, diz: "São os seguintes os incentivos-padrão para o trabalho: (1) Um plano de compensação interessante. (2) Territórios de vendas com bom potencial para um futuro desenvolvimento. (3) Oportunidades para promoção. (4) Bons produtos bem anunciados. (5) Preços competitivos com produtos de qualidade similar. (6) Bons serviços. (7) Uma sólida política de crédito. (8) Treinamento de trabalho e de campo competente. (9) Uma política de *marketing* justa."[57]

Esses incentivos ao trabalho, porém, não constituem os planos motivadores exatos para o maior progresso. Notem as emoções envolvidas no que o Sr. Burton chama de oito motivos básicos que estimulam os vendedores a um maior esforço: "(1) Lucro pessoal. Dinheiro, poder, prestígio. (2) Desejo de louvores e reconhecimento. (3) Evitar a monotonia e o tédio. (4) Orgulho — satisfação com o trabalho. (5) Medo e preocupação. (6) Desejo de ser necessário. (7) Amor à família. (8) Consciência — obrigação para com os outros."[58]

O Seu Plano Para a Realização

A verdadeira motivação surge de um plano projetado. Experimente este:

1. Planeje a sua meta sintetizando-a numa só frase. Alie o entusiasmo e a satisfação dos cinco sentidos à consecução dessa meta, que deve ser primordialmente benéfica aos outros. Se você

[57] *Our Changing World* (Nosso Mundo em Mudança), nº 673.
[58] Ibid.

a estabelecer apenas para si, nunca verá o entusiasmo refletir-se nela. Lembre-se, a grandeza é servir.

2. Verifique anualmente a sua família e o seu negócio. Planeje umas férias empolgantes e prolongadas com toda a família, todos os anos. Saia da rotina. Vá a lugares distantes. Veja coisas interessantes. Sentirá prazer pela viagem em si e também em falar a respeito e mostrar filmes sobre ela, mais tarde. Principalmente, terá a alegria de partilhar uma atividade saudável com a família.

Verifique o enriquecimento espiritual de sua família. Você os está aprofundando nos princípios de sua igreja? Leva-os ao culto todos os domingos?

E agora, o seu trabalho. Todos os empregados estão satisfeitos com seu desempenho? Estão tendo uma sensação verdadeira de realização em suas atividades cotidianas? E você está praticando os princípios que Lincoln utilizou na Lincoln Electric Company, em Cleveland?

3. Você está construindo um programa mensal de realização pessoal? Freqüentou o curso de Dale Carnegie ou o Science of Personal Achivement de Napoleon Hill? Fez algum curso especializado em universidade ou outro centro acadêmico? Obteve para si o melhor treinamento possível para a sua vocação? Todos os meses verifique se está mais preparado para o seu trabalho do que no mês anterior.

4. Planeje um programa semanal de felicidade, sucesso e realização, de tal modo que você chegue ao trabalho na segunda-feira ansiosamente antecipando os cinco dias subseqüentes. Na tarde de sexta-feira, programe as atividades para a semana seguinte, assim como Frank Bettger fez para se tornar o maior vendedor de seguros dos Estados Unidos, um dos poucos oradores que cobram mil dólares por conferência e o autor de tantos *bestsellers* sobre vendas. Programe os seus esportes para ter uma verdadeira recreação. Planeje e execute alguns passatempos de significado, seja xadrez, bridge ou o que for. Dê significado à sua semana. E, claro, a experiência de maior significado é adorar a Deus. Relacione-se de maneira vital com a igreja de sua

escolha. Ajude o programa de estímulo à formação da juventude. Torne-se contribuinte regular e fiel da causa de sua igreja.

5. Viva cada dia como se fosse um compartimento estanque. "Basta o mal de cada dia", diz a Bíblia. Deixe que os problemas de ontem morram com o crepúsculo. Se não o fizer, as realizações e oportunidades de amanhã não nascerão com o sol. Ouvindo importantes discos sobre negócios, lendo livros inspiradores, por meio de uma vida de devoção, pelo companheirismo com sua família e através de seus colegas de trabalho, você pode motivar-se.

Crie um programa projetado e isto acontecerá.

29. Entusiasmo

A SUA CHAVE para o sucesso hoje é o entusiasmo dinâmico. Você pode ser motivado e ter sucesso.

Charles Buxton constatou: "A experiência prova que o sucesso se deve menos à capacidade do que ao zelo. O vencedor é aquele que se entrega ao seu trabalho de corpo e alma." A verdadeira motivação é fantasticamente empolgante. O homem motivado salta da cama de manhã cedo, chega ao trabalho animado, cumprimenta os colegas com entusiasmo, encara os fatos de cada dia com determinação, sejam problemas ou sucessos, encontra desafios em cada relacionamento humano e possui poder pessoal para enfrentar todas as emergências. É realmente um indivíduo vibrante, alegre e dinâmico que vive plenamente.

Uma das facetas interessantes do comunismo tem sido o tremendo êxodo de homens motivados para o mundo livre. Cerca de três milhões dos mais instruídos líderes, professores, físicos, cientistas, engenheiros, arquitetos e outros especialistas altamente qualificados fugiram para o Ocidente. Hoje, as placas das ruas em Miami também são escritas em espanhol. Os corredores dos hospitais têm indicações nesta língua, porque muitos líderes importantes de Cuba fugiram para o Ocidente. O motivo — o comunismo não tem o poder de motivar os homens. Quando os homens perdem a liberdade, perdem a motivação.

Alcance a Glória

Archibald Rutledge conta a história de um mecânico de um pequeno rebocador que fazia a travessia de um rio no Sul e mantinha a sua casa de máquinas escrupulosamente limpa, realizando o seu trabalho com um entusiasmo de assombrar. Quando lhe perguntaram por que trabalhava com tanto entusiasmo, respondeu: "Capitão, com isso eu alcanço a glória." Se você considerar o seu serviço de bombear a gasolina no posto da esquina como o primeiro degrau para a presidência de sua companhia de petróleo, e para tudo quanto você deseja para a sua família e herdeiros, então alcançará a glória. Mas se considerar esse serviço apenas como um meio de ganhar dinheiro, então a terá perdido.

Atente Para os Seus Companheiros

É bom repetir: o desenvolvimento do entusiasmo provém das pessoas com quem nos damos, de quem sugamos força emocional. Se você se encontra com freqüência com um amigo pessimista, também se tornará pessimista. Nós nos tornamos aquilo que são os que andam conosco. Encontre um grupo entusiástico, emotivo, e extraia dele a sua força emocional.

Aprenda também a controlar a sua amargura. Nietzsche escreveu um dia: "O progresso na sabedoria pode ser medido com exatidão pelo decréscimo da amargura." George Washington Carver, grande cientista negro e conhecido líder cristão, disse: "Não há homem algum que faça com que eu me curve tão baixo a ponto de odiá-lo." Lembre-se de que cinco minutos de ódio intenso queimam mais energia do que oito horas de trabalho intenso. O entusiasmo e a realização estão diretamente ligados às emoções negativas que pusemos de lado ou aprendemos a controlar com rigidez. O seu banco de energia precisa de depósitos regulares. O realizador entusiasta está constantemente enchendo seu banco de pensamentos alegres, dinâmicos e determinados, associações e momentos de inspiração. Você tem uma determinada quantidade de energia para despender. Utilize-a para as suas melhores realizações.

A Primeira História de Sucesso dos Estados Unidos

Marie B. Ray escreveu dois livros interessantes: *How Never to Be Tired* e *The Importance of Feeling Inferior*. Ela afirma: "Ele nasceu na miséria e tornou-se um dos homens mais ricos dos Estados Unidos. Começou a vida como aprendiz de tipógrafo e veio a ser um grande escritor. Só teve dois anos de estudos e foi um dos homens mais ilustrados de seu tempo. Era de origem humilde e chegou a primeiro embaixador na França. Não tinha qualquer instrução como cientista, inventor ou estadista, e se destacou como líder em todos esses setores. Não tinha experiência como cortesão, e tornou-se o ídolo da corte de Luís XVI. Benjamin Franklin não apenas escreveu, como viveu a primeira história de sucesso americana. Como é que esse menino, um joão-ninguém, descendente de gerações de joões-ninguém, conseguiu isso? Por meio de um processo totalmente sincero e impiedoso, uma determinação inalterável de transformar Ben Franklin, joão-ninguém, em alguém. Com esse intuito, atacou frontalmente todas as fraquezas que tinha, acabando por transformá-las em vantagens."

"Terminou os estudos na escola aos 10 anos. De noite, depois do trabalho, estudava aritmética; aos 12, acrescentou exercícios acadêmicos de redação; já adolescente, iniciou o estudo de idiomas estrangeiros, aos poucos incluindo francês, italiano, espanhol e latim. Recebeu diplomas honorários das universidades de Yale, Harvard, William and Mary, e mesmo da Universidade de Oxford, sem jamais ter estado em qualquer uma delas."[59]

Abraham Lincoln e o Complexo de Inferioridade

Outro exemplo desse poder de entusiasmo é Abraham Lincoln. Homem algum começou tão de baixo. Homem algum teve maior número de derrotas econômicas, românticas e políticas e depois atingiu as culminâncias que ele atingiu. Qual é esse fator de entusiasmo dinâmico? Marie Ray diz que é a compensação. Segundo ela, há duas maneiras de compensar — direta e indiretamente. Uma consiste em transformar as deficiências em vantagens, a outra em adotar uma estratégia geral que deixe as deficiências intocadas e desenvolva outros recursos, que se sobrepujem a elas.

"Sem o açoite do complexo de inferioridade, todos os talentos ficariam adormecidos. Ele é a fagulha que perturba a nossa tranqüilidade. Para que uma compensação seja satisfatória e assim alivie a nossa sensação de inferioridade, deve satisfazer certas condições: (1) Deve ser positiva, e não negativa. (2) Deve ser enérgica, e não passiva. (3) Deve ser uma expressão de nosso próprio pensamento e ação independentes. (4) Deve conduzir à auto-estima e à estima dos outros. (5) Deve ser socialmente responsável e valiosa. (6) Deve dar-nos uma sensação normal de poder e um sentimento de bondade."[60]

Eis alguns dos valores da compensação, conforme indicam os psiquiatras e a Dra. Ray: "(1) O órgão ou faculdade deficiente pode ser treinado para funcionar tão bem quanto o normal, ou até melhor. (2) A função de um órgão ou faculdade normal pode substituir a de um defeituoso. (3) Pode surgir uma situação em

---

[59] Marie B. Ray, *The Importance of Feeling Inferior* (A Importância de Sentir-se Inferior) (Nova York: Ace Publishing Company), págs. 49, 55.

[60] Ray, ibid., pág. 59.

que o defeito se torne uma vantagem. (4) Pode ser construída uma superestrutura psíquica de modo que a personalidade total adote um padrão que seja a compensação de todos os complexos da pessoa, sem consideração de sua gênese."[61]

As pessoas são levadas a agir devido ao desejo do bem e o medo do mal. O que ocorre com você? O medo do mal não motiva por muito tempo, e o entusiasmo é negativo. A motivação positiva e dinâmica é o desejo do bem.

Charles P. Kingsley disse: "Você possui poderes com que nunca sonhou. É capaz de fazer coisas que nunca pensou conseguir fazer. Não há limites para o que você pode fazer, a não ser os impostos por sua própria mente quanto ao que não pode. Nunca pense que não pode, e sim que pode."

30. Motivando a Si e aos Outros

A SUA CHAVE para o sucesso pessoal hoje é motivar-se a si mesmo, para depois fazê-lo com relação aos outros.

O segredo do sucesso na motivação é satisfazer às necessidades. Portanto, primeiro você deve saber quais são as suas necessidades, para então formular um plano que as satisfaça. Todos os atos são resultado da motivação. Os grandes feitos provêm de fatores motivadores positivos e dinâmicos.

Paul J. Meyer, presidente do Instituto da Motivação para o Sucesso, relaciona os cinco sintomas do suicídio executivo: "(1) A dúvida. Duvidar de si e de sua capacidade. (2) A protelação. (3) A dedicação a falsos símbolos, deixando que se tornem suas metas. (4) Complacência. Adiar. (5) Perda da determinação."

Meyer é capaz de apresentar não só o problema, como

---

[61]Ray, ibid., pág. 60.

também a solução: "(1) Cristalize o seu pensamento. Estabeleça uma meta dinâmica. (2) Forme um plano para atingir essa meta e determine um prazo para a sua realização. (3) Desenvolva uma vontade ardente de atingir essa meta. (4) Crie uma fé inquebrantável em si para a sua realização. (5) Crie uma vontade férrea com a força de sua determinação. Não permita que nada o impeça de alcançar a sua meta."[62]

Sua Mente Pode Conseguir

O ingrediente mágico da motivação é a esperança. Consiste no desejo assombroso — no sonho, na expectativa de se realizar o que é desejado e criar uma crença e um plano para atingir essa meta. Consciente ou subconscientemente, reagimos ao que é maravilhoso, desejável, alcançável, disponível. "O que a mente pode conceber e crer pode alcançar." (Stone e Hill)

Essas esperanças originam-se em valores espirituais, sociais e pessoais. O assistente social, a irmã de caridade, o missionário são motivados para um trabalho prolongado e financeiramente mal remunerado porque há uma motivação espiritual para levar paz, felicidade e esperança aos que eles servem. Esses desejos e aspirações são autogeradores. Vêm de dentro, e com cada esperança satisfeita surgem outros.

Um dos fatores sociais na motivação é a busca de *status*. Ora, quando o *status* puder ser utilizado para propósitos dignos, para beneficiar a outros, para a satisfação pessoal, o bem da família e a elevação das massas injustiçadas, então é maravilhoso. Mas muitas vezes torna-se apenas um símbolo — viver como os Jones, possuir o carro da companhia, o cargo principal, a gratificação do escalão superior. Nesse caso, o *status* corrói, corrompe e arruína. É egoísta e não mais social.

---

[62]Paul J. Meyer, *Who Motivates the Motivator?* (Quem Motiva o Motivador?) (Waco, Texas: Success Motivation Institute).

Os valores pessoais adquirem significado quando trazem segurança para a nossa família, certeza de instrução universitária para os nossos filhos, as necessidades da vida para os pais idosos e nós mesmos, e suficiente segurança social para participarmos de nossa realização econômica com os outros por meio da Igreja, de organizações sociais, fundos da comunidade etc.

Seja um Iniciador

Samm Sinclair Baker é o autor do excelente livrinho *How To Be a Self-Starter.* O seu plano de ação é o seguinte:

"(1) Examine a situação, a necessidade, a oportunidade. Pergunte a si mesmo como poderá realizar o maior benefício para o seu patrão, a sua família e você.

(2) Relacione todas as possibilidades de ação. Calcule o custo. Estude a situação com muito cuidado. Obtenha todos os fatos. Escreva todas as possibilidades. Avalie-as.

(3) Conceba o seu melhor plano de ação com os mínimos detalhes. Confie o plano aos seus colegas de confiança. Considere as opiniões deles, se forem indivíduos entusiasmáveis e puderem alçar-se ao auge da motivação que você usou para si.

(4) Torne a verificar os prós e contras. Avalie antes de começar e enquanto estiver a caminho. Seja rápido ao planejar um programa de ação; procure não modificá-lo, porém quando os fatos avassaladores exigirem uma modificação, não hesite em confessar que está errado. Não ponha o dinheiro bom em cima do ruim. Nem horas boas sobre as ruins.

(5) Dê o primeiro passo. Lembre-se do provérbio chinês: 'Uma viagem de mil quilômetros começa com o primeiro passo.' Aja. O mundo aprecia o homem de ação."

Rememorando, os princípios da motivação são: (1) Autoconservação. É o mais dinâmico. (2) Romance. Se há um romance em seu trabalho, em sua família, se existe romance, prazer, exultação em tudo que faz, então a vida realmente vale a pena. Você é um homem motivado. (3) Admita e utilize a questão do reconhecimento. Um homem motivado terá reconhecimento. O indivíduo de sucesso, dinâmico, entusiasta é reconhecido quando entra numa sala cheia de estranhos. O seu próprio andar é cheio da vibração do sucesso e ele está em posição de motivar e influenciar os outros.

Exercício: Motivação

Motive-se e aos outros para ser um sucesso:

1. Relacione, em ordem de importância para você, os quatro princípios da motivação. Autopreservação, reconhecimento, romance, dinheiro.

    A.
    B.
    C.
    D.

2. Reformule o seu principal propósito. Depois acrescente uma frase esboçando o uso de pelo menos dois dos princípios motivadores relacionados anteriormente.

3. Classifique-se nas seguinte características emocionais: A — Excepcional, B — Bom, C — Médio, D — Fraco, E — Mau:

    A. Capacidade de confiar nos outros —
    B. Capacidade de autocrítica —
    C. Capacidade de habilidade sexual —
    D. Profunda sensação de confiança em si —
    E. Capacidade de dirigir sem se envolver pessoalmente —

4. Você deve ter maior energia para realizar o seu objetivo.

   A. Relacione os meios que usará para conseguir isso; metas, melhorar a saúde, cooperação com os outros etc.
   B. Relacione o seu plano para alcançar o seu propósito.

5. Relacione os indivíduos mais empolgantes que já conheceu:

   A.
   B.
   C.
   D.
   E.
   F.
   G.

6. Que traços entusiásticos desses indivíduos lhe são mais necessários?

7. De que modo pretende desenvolver esses traços? Leituras, cursos especiais etc.

Seção VII

DESENVOLVA A VONTADE IMPETUOSA E TENHA SUCESSO

31. A Vontade Impetuosa É o Poder

A SUA CHAVE para o sucesso pessoal hoje é criar uma vontade impetuosa com determinação.

Craig Jerner, professor de metalurgia da Universidade de Oklahoma, deu-me um livro fascinante. Chama-se *Incentive Management,*[63] a empolgante história da motivação brilhante que James F. Lincoln usou para construir a Lincoln Electric Company, em Cleveland, Ohio.

Por exemplo, em 1956 os ganhos anuais dos empregados desta empresa eram de 11.209 dólares, enquanto que a média de todos os outros fabricantes do país era de 4.952 dólares. Em 1957, os seus ganhos médios eram de 10.164 dólares. Entre outros fabricantes, a média era de 5.199 dólares. Em 1959, os empregados da Lincoln receberam 10.467 dólares, enquanto que os de outros fabricantes ganharam 5.648.

Em 1959, a produtividade por trabalhador, calculada em dólares de vendas para a Lincoln Electric, foi de 46.152 dólares. A produtividade por trabalhador calculada em dólares de vendas para todos os outros fabricantes foi de 22.075 dólares. Por que essa diferença?

---

[63] James F. Lincoln, *Incentive Management* (Gerência de Incentivo) (Cleveland: Lincoln Electric Company, 1951), págs. 80-81, 114-115.

A primeira medida do Sr. Lincoln ao desenvolver o incentivo é conseguir o desejo de cooperação de todos os interessados. Um jogo de futebol não é nem de longe tão complexo quanto o é a indústria com seus homens, maquinaria, fregueses, interferência e impostos do governo. No entanto, a indústria tem que possuir o mesmo espírito de equipe encontrado num time de futebol. Você já viu times constituídos de astros notáveis e que nunca se coordenaram como time. Conseqüentemente, tiveram uma temporada de derrotas, quando poderiam ter ganhado todos os jogos, se tivessem aprendido a jogar como uma equipe.

As capacidades latentes do indivíduo muitas vezes são salientadas pela tensão e o desejo inerentes ao jogo. Alguma habilidade especializada que seja notável muitas vezes fará com que uma companhia, bem como um time de futebol, se sobrepuje a todos os outros no ramo. O Sr. Lincoln diz: "É essa vontade que o líder deve inspirar a toda a sua organização. O trabalhador deve sentir que é reconhecido de acordo com a sua contribuição para o sucesso. Se ele não tiver esse sentimento de respeito por si e o respeito dos outros devido à sua habilidade, pensará que está fazendo papel de bobo, se aumentar a sua produção para o patrão ter maiores lucros."

Como é que um atleta amador muitas vezes trabalha com tanto afinco ou mais que um profissional, que é pago por seu serviço? Você não acha que a resposta é o respeito e a posição que ele tem com o reconhecimento e a realização? Não é essa a sua recompensa? "O primeiro problema do industrial é fazer do trabalho um lugar onde o trabalhador se orgulhe de sua habilidade, desejando sempre aperfeiçoá-la", observa o Sr. Lincoln.

Em resumo, o Sr. Lincoln atribui seu sucesso a um princípio quádruplo:

(1) Desafie a habilidade do trabalhador. Dê-lhe algo que esteja além de sua capacidade atual, e também um forte desejo de realizá-lo. Faça-o competir com os colegas, para ver quem é

o melhor. Dê-lhe a oportunidade de vencer. Em outras palavras, o desafio individual.

(2) Leve o trabalhador a concluir que não há limites para as suas habilidades, além dos que ele mesmo se impõe. Jesse Owens não bateu o recorde mundial de salto em distância da primeira vez que tentou. Nunca teria chegado à sua forma máxima se não tivesse continuado a tentar aquilo que nunca fizera. Desafiou a sua habilidade e aperfeiçou-a. Todas as habilidades são aperfeiçoadas do mesmo modo.

(3) Faça com que todos saibam que a promoção na organização vem de dentro e depende totalmente da capacidade dos que forem escolhidos, e nada mais.

(4) Aplique a si a pressão do aperfeiçoamento, de modo que desenvolva as suas próprias capacidades, tornando-se um grande líder. Você deve servir de inspiração aos seus seguidores. Espere sempre o impossível de você, bem como dos que o rodeiam. Você freqüentemente conseguirá o impossível, se ao menos se desafiar a tal.

Lembre-se de que a chave é criar a participação individual, a sensação de realização e determinação, e o conceito de equipe. O negócio-indústria-organização deve ser motivado e unificado com o velho espírito de equipe dos tempos de ginásio e faculdade.

Fred Smith, um dos mais notáveis consultores de gerência americanos constatou: "A diferença entre uma boa e uma má organização é a estrutura. A diferença entre uma boa e uma grande organização é a motivação emocional." É isso! A vontade impetuosa. Você a possui? Querer é poder; você pode modificar a sua vida desenvolvendo o desejo.

Ele Nunca se Entregava

Babe Ruth foi o maior jogador de beisebol da história. Mas ele não somente bateu todos os recordes de *home-runs* como, também, os de *strikes-outs*, coisa que muito pouca gente sabe.

O seu segredo era uma vontade indomável; ele nunca se entregava.

Isso vale para o jogo de beisebol, para o trabalho da Lincoln Electric e para a vida também. Pense nas palavras do apóstolo Paulo na Epístola aos Filipenses 3:14; 15: "Prossigo para a meta, para o prêmio da soberana vocação de Deus em Jesus Cristo. Todos nós, pois, que somos adultos, tenhamos estes sentimentos." A pessoa adulta é aquela que não apenas procura realizar nesta vida, como também se prepara para a vida futura.

Sua Biografia do Sucesso

No fascinante livro *The Law of Success*, Napoleon Hill, na seção "Um Objetivo Principal Definido", dá uma biografia do sucesso.[64] Vou relacionar algumas dessas realizações: Woolworth escolheu como sua meta a construção de uma grande cadeia de lojas. Concentrou-se nisso e conseguiu-o. A de Wrigley foi a venda de embalagens de chicletes de cinco centavos. Isso lhe rendeu milhões. Edison dedicou-se à harmonização das leis naturais e tornou-se um dos maiores cientistas mundiais.

A meta de Henry L. Doherty era a operação de usinas de utilidade pública. Tornou-se milionário. Ingersoll concentrou-se na industrialização de relógios de preço acessível e isso lhe valeu uma fortuna. Statler, nos hotéis com serviço caseiro, tendo obtido muito sucesso. Edward C. Barnes, na venda de máquinas de ditar Edison; aposentou-se jovem e rico. Woodrow Wilson teve em mente a Casa Branca durante 25 anos e tornou-se o seu principal ocupante. Lincoln, assistindo em Nova Orleans à venda de uma escrava, disse: "Vou dar um golpe nesse tráfico, e será duro." Isso o tornou presidente.

O desejo de Henry Ford era tornar o automóvel acessível a

[64] Napoleon Hill, *The Law of Success* (A Lei do Sucesso) (Cleveland: Ralston Publishing Company, 1956), vol. 2, págs. 50-51.

todas as famílias dos Estados Unidos. Ele veio a ser um dos maiores milionários do mundo. A meta de Andrew Carnegie era baixar o preço do aço. Assim, enriqueceu. O desejo de Gillette era permitir que o mundo todo se barbeasse bem. Ficou multimilionário. George Eastman concentrou-se na Kodak e alcançou enorme sucesso.

O desejo de Russell Conwell foi expresso em um discurso, "Acres of Diamonds", que rendeu mais de seis milhões de dólares às atividades filantrópicas. Hearst criou uma cadeia de jornais sensacionalistas, o que o tornou milionário. O desejo de Helen Keller era aprender a falar; ela passou a ser uma inspiração dinâmica para todos os que conhecem a sua história. Marshall Field construiu a maior loja a varejo do mundo. O desejo impetuoso é o poder.

O desejo de Karl Marx foi destruir o capitalismo. Lenine desejou submeter o mundo ao controle do comunismo. Começando em 1903, com 17 homens, em menos de 50 anos os comunistas controlavam um bilhão da população mundial. O desejo é o poder. Certo ou errado, continua a ser o poder.

Faça o Seu Exame Anual

No artigo "O que um Psiquiatra Gostaria de Saber sobre Você", publicado em *This Week Magazine*, o Dr. William C. Menninger, de Topeka, Kansas, nos conta que devíamos dedicar um pouco de tempo, pelo menos uma vez por ano, para examinar quais os nossos propósitos, metas e desejos. O Dr. Menninger, um dos mais famosos psiquiatras do mundo, diz que as nossas vidas serão mais ricas, significativas, dinâmicas e cheias de propósito se tirarmos férias regularmente, se tivermos passatempos criativos e se conseguirmos recriar os nossos objetivos. Se você tem mau gênio; se costuma perder o controle sobre suas emoções; se verifica que se aborrece constantemente com coisinhas que não deveriam preocupá-lo, então, deve afastar-se e empenhar-se numa atividade construtiva, para reestruturar as suas metas e desejos.

Matton disse: "Como os médicos julgam a saúde pelo apetite, julgue-se pelos desejos." Cícero constatou: "A sede do desejo nunca é saciada, nem plenamente satisfeita." É isso que o torna tão poderoso. De uma realização, passamos a outras, mas o desejo tem de ser controlado. Por certo, a vontade impetuosa pode ser grandemente maléfica, como também fantasticamente bem-sucedida. É você quem tem a chave e dá os sinais. Está tudo em suas mãos. Você deve fazer do sucesso um hábito.

Não Há Nada Que Você Não Possa Fazer

"As coisas que não têm praticidade são indesejáveis. Não há nada de realmente benéfico no mundo que não esteja ao alcance de uma atividade informada, compreensiva e bem protegida. Não existe nada que Deus considere bom para nós, tanto no terreno natural quanto no moral, para cuja obtenção Ele não nos tenha dado os meios. Se quisermos a lua, chorando como crianças, teremos de continuar a chorar, como crianças." (Edmund Burke)

O desejo é o poder interior e motivador que impele. Como um turbo-jato, dá um impulso tremendo quando o jato é impelido para a frente. Há pouco examinei cuidadosamente um jatinho executivo bimotor, com capacidade para sete ou oito passageiros. Tem um impulso de 1.500 metros por minuto, quase verticalmente — uma força fantástica. Isso é apenas uma ilustração da vontade impetuosa. Ela o impulsionará a um sucesso fantástico, assombroso, ou ao desejo errado, ardente, que corrói e corrompe, levando à destruição. Está em suas mãos. A chave lhe pertence.

O Maior Negócio de Nossa Pátria

Você sabia que a educação é o maior negócio em todo o país, hoje? Quarenta por cento de todos os americanos estão empenhados em algum tipo de atividade educacional. "Há dois milhões e meio de crianças no jardim de infância; 30 milhões nas escolas primárias; Onze e meio milhões no ginásio; e quatro milhões nas faculdades. Há 17 milhões de pessoas nas escolas de educação de adultos, e nove milhões que estudam independentemente", é o que diz Earl Nightingale. Isso perfaz um total de mais de 75 milhões de pessoas empenhadas em algum tipo de esforço educacional. Por mais encorajador que isso seja, também significa que apenas 20% de todas as pessoas em idade de freqüentar a universidade estão seguindo cursos superiores. O que isso representa, em matéria de motivação? Sugere que uma percentagem considerável desses jovens simplesmente não é motivada? Sabemos que, dos 80% de jovens em idade de cursar a faculdade e não a estão freqüentando, um grupo certamente não está qualificado para os estudos superiores — ou por falta de preparo, ou por deficiências naturais. No entanto, é razoável supor que pelo menos 30% dos jovens em idade universitária que não cursam faculdades são capazes de fazer estudos em nível universitário. Mas falta-lhes a vontade impetuosa.

Caso você seja um desses, vou lhe apresentar os seguintes dados estatísticos: Um homem que passa menos de oito anos no colégio ganha em média menos de 3.000 dólares por ano. O que tem diploma de ginásio, cerca de 6.000 por ano. A renda média para o que tem um diploma de curso superior é de mais de 9.000 dólares por ano. Isso significa que este último ganhará durante sua vida aproximadamente mais 150.000 dólares do que o segundo. Há mais um fator importante: o diplomado em curso superior está preparado numa área de realização vocacional muito mais vasta do que o diplomado no ginásio.

O mundo inteiro ficou chocado, há pouco tempo, ao saber dos terríveis efeitos causados por um medicamento dado às mães durante a gravidez. Só em Londres, Inglaterra, 1.200 casos de deformações no nascimento foram atribuídos a esse medicamento. Não é o caso de nos perguntarmos se os médicos que viram nascer esses bebês, alguns sem braços e pernas, outros evidentemente com deficiências mentais, não tiveram dúvidas quanto a deixá-los viver, cumprindo juramento de médicos? Mas não havia escolha; tinham-se dedicado a prolongar a vida.

Deviam Ter Fracassado

A história nos conta alguns casos notáveis de pessoas com defeitos físicos que conseguiram realizar coisas realmente maravilhosas. Charles Steinmetz, o inventor de aparelhos elétricos que morreu em 1923, nasceu deformado. Viveu e contribuiu com destaque para a humanidade. Beethoven, Júlio César, Edison, ambos os presidentes Roosevelt, James Ferber, Helen Keller, entre outros, tinham defeitos físicos. O problema físico era apenas mais um desafio para o sucesso.

Washington Irving afirmou: "As grandes mentes têm propósitos, as outras têm desejos. As mentes mesquinhas são atingidas e dominadas pelas desgraças; as grandes, porém, passam acima delas." John Foster disse: "Quando se reconhece um espírito firme e decidido, é curioso ver como o espaço se abre em volta do homem, deixando-lhe amplidão e liberdade."

Napoleon Hill sugere que a vontade impetuosa é constituída dos seis seguintes ingredientes: "(1) Confiança em si. (2) Iniciativa pessoal. (3) Imaginação. (4) Entusiasmo. (5) Autodisciplina. (6) Concentração de esforço." Qualquer idéia, plano ou propósito dominante que se mantenha em mente por meio da repetição do pensamento, e que for emocionalizado por uma vontade impetuosa para a sua realização, é assumido pela mente subconsciente e sofre a ação de quaisquer meios naturais e lógicos existentes."[65]

---

[65] Napoleon Hill, *Think and Grow Rich* (Pense e Enriqueça) (Greenwich, Conn.: Crest, 1960), pág. 36.

"Nunca se soube que alguém tivesse sucesso sem aplicar o princípio de determinação de propósito. O primeiro passo da miséria para a riqueza é o mais difícil. Minha declaração poderá se simplificar se eu lhe disser que todas as riquezas e todos os bens materiais que as pessoas adquirem por seu esforço começam sob a forma de uma imagem mental clara e precisa daquilo que se procura." (Andrew Carnegie)

Meus anseios são muitos, e, se contados,
Muitas vintenas dariam;
E fosse cada desejo cunhado em ouro,
Ainda assim eu desejaria.

(John Quincy Adams)

O desejo aumenta o desejo. É esse o seu poder fantástico.

Sua Fórmula Para a Vontade Impetuosa

O livro *Success Through a Positive Mental Attitude* dá uma explicação sobre a vontade impetuosa e seu funcionamento.

"(1) ...a sua mente subconsciente começa a funcionar sob uma lei universal: o que a mente puder conceber e crer, pode realizar. Como você realiza o seu destino traçado, a sua mente subconsciente é afetada por essa auto-sugestão. Isso trabalha para ajudá-lo a chegar lá.

(2) Como você sabe o que quer, há uma tendência para tentar chegar no caminho correto e seguir na direção certa. Você começa a agir.

(3) O trabalho então passa a ser divertimento. Você tem uma motivação para pagar o preço. Raciona tempo e dinheiro. Estuda, pensa e planeja. Quanto mais você pensa sobre a sua meta, mais se entusiasma. E com o entusiasmo, a sua vontade torna-se impetuosa.

(4) Você fica alerta para as oportunidades que o ajudam a conseguir o seu objetivo à medida que elas se lhe apresentam em

suas experiências de todo dia. Como você sabe o que deseja, é mais provável que reconheça essas oportunidades."[66]

Quando Charles M. Schwab pediu a Andrew Carnegie a sua primeira promoção, o Sr. Carnegie deu um vasto sorriso e respondeu: "Se você deseja já algo de coração, não há nada que eu possa fazer para impedir que você o obtenha." Isso é a vontade impetuosa.

Cinco Passos Para o Sucesso

Em seu livro *How to Sell Your Way Through Life*, Napoleon Hill relaciona os cinco passos básicos para o sucesso: "(1) Escolha de uma meta definida a ser alcançada. (2) Criação de poder suficiente para alcançar a meta. (3) Aperfeiçoamento de um plano prático para alcançar a meta. (4) Acumulação de um conhecimento especializado necessário para alcançar a meta. (5) Perseverança em executar o plano."

Ele relaciona ainda algumas das vantagens de uma meta específica: "(1) A unidade de propósito obriga-nos a especializar, e a especialização tende para a perfeição. (2) Uma meta definida nos permite tomar resoluções rapidamente e com firmeza. (3) Um propósito definido nos possibilita dominar o hábito da protelação. (4) Um propósito definido poupa o tempo e a energia que de outro modo desperdiçaríamos, vacilando entre dois ou mais rumos a tomar. (5) Um propósito definido serve como mapa de estradas, que marca a via direta até ao fim de nossa viagem. (6) Um propósito definido fixa os nossos hábitos, de modo que estes são assumidos pela mente subconsciente e usados como uma força motivadora ao nos impelir para a nossa meta. (7) Um propósito definido desenvolve a confiança em si e atrai a confiança dos outros."[67]

---

[66] Hill and Stone, ibid., pág. 25.

[67] Napoleon Hill, *How to Sell Your Way Through Life* (Como Ganhar a Vida Vendendo) (Cleveland: Ralston Publishing Company, 1958), pág. 161.

Abraham Lincoln Tinha Propósito

Não há melhor exemplo de vontade forte do que a vida de Abraham Lincoln. Carl Sandburg, em seu livro *Abraham Lincoln: The Prairie Years*, cita o seguinte: "Caminhando de volta para New Salem, ele via diante de si uma tarefa de difícil execução: tinha de transformar a sua completa ignorância sobre levantamento topográfico num conhecimento perfeito e prático... Muitas vezes, a filha de Graham (o mestre-escola) acordava à meia-noite e via Lincoln e o pai junto à lareira, calculando e explicando. Lincoln estava cansado, o rosto encovado, os olhos lacrimejantes e injetados: "Você está se matando", diziam-lhe as almas bem-intencionadas, e entre si cochichavam que era uma pena. Porém, em seis semanas Lincoln dominara os livros, estava senhor do assunto que antes desconhecia e trabalhava nele como um técnico..."

"Impuseram a Lincoln votar a mudança da capital para Sprinfield em troca do seu voto a favor de uma medida que considerava contra os seus princípios. O debate durou dois dias. Depois Lincoln falou: "Vocês podem queimar meu corpo e espalhar as cinzas pelos ventos do céu; podem arrastar a minha alma para as regiões de trevas e desespero, para ser atormentada para sempre; mas nunca conseguirão que eu apóie uma medida que acredito seja errada, embora ao fazer isso possa realizar o que acredito ser certo.[68]

Beethoven também possuía grande ímpeto e ambição. Vejam o que diz dele H. A. Rudall, em sua biografia: "Inverno ou verão, Beethoven se levantava ao raiar do dia e imediatamente sentava-se à sua escrivaninha e continuava a escrever até a sua refeição habitual, às duas ou três horas. Não interrompia seus trabalhos, a não ser para dar passeios ao ar livre, mas nunca sem um bloco em que pudesse escrever qualquer idéia nova que lhe ocorresse em seus passeios."[69]

---

[68] Sandburg, ibid., pág. 170.

[69] Citado em *Our Changing World* (Nosso Mundo em Mudança).

Houdini, o mágico, é outro exemplo. Eis um trecho da *Biografia de Houdini*, de Harold Kellock: "O treinamento para as suas várias submersões e outros feitos, tais como ficar encerrado num cofre de aço debaixo d'água durante uma hora e meia, era especialmente árduo. Durante meses a fio, várias vezes por dia, praticava mergulhando na própria banheira, com um cronômetro para testar a sua resistência, cada dia aumentando o período de imersão até conseguir ficar submerso mais de quatro minutos sem grande incômodo; acostumando-se a passar com um mínimo de oxigênio, podia alimentar seus pulmões com apenas alguns centímetros cúbicos de ar num cofrezinho, suportando essa experiência por um período de tempo incrível."[70]

A vontade impetuosa é um hábito e pode ser cultivada. O sucesso é a realização progressiva de uma meta de valor e difícil. Você pode tornar o sucesso um hábito criando uma vontade impetuosa determinada.

32. A Vontade Impetuosa do Reconhecimento

A SUA CHAVE para o sucesso hoje é criar o reconhecimento e a sua vontade impetuosa.

A sua felicidade na vida está em proporção direta com a sua capacidade de realizar. A realização traz o reconhecimento. Algumas das pessoas mais importantes do mundo conseguiram realizar devido a um complexo de inferioridade que as impelia a tentar coisas fantásticas para serem reconhecidas como indivíduos.

---

[70]Harold Kellock, *Houdini* (Nova York: Harcourt-Brace and Company, 1928), pág. 1.

O que você espera da vida? Sabe para onde vai? Está dizendo para si que em breve os outros vão ouvir o que você tem a falar? Que está farto de ser ignorado por eles? Então você está bem encaminhado. Está desenvolvendo uma vontade impetuosa de ser reconhecido.

A depressão vem quando a pessoa é ignorada pelas outras. É trágico ser apenas um rosto na multidão. Portanto, destaque-se. Fixe uma meta importante no setor em que puder realizar mais, e seja um indivíduo notável, dinâmico e de sucesso. Desse modo, você está a caminho do sucesso pessoal.

Você se lembra, em criança, de como ficava ansioso antes de ir a um jogo de futebol? Lembra-se de como esperava com prazer o primeiro banho de mar ou piscina no verão? Sim, durante semanas vivia daquele sonho. Agora, deve fazer o mesmo, como adulto. Basta fixar uma meta importante na vida e desenvolver a sua vontade de alcançá-la, para chegar à felicidade pessoal. Ao alcançá-la, você provoca o reconhecimento que a sua mente consciente deseja e deve ter.

Uma das regras das relações humanas que tornou tão poderoso o Curso Dale Carnegie é "Lance um Desafio". O "muito bem" do patrão, o seu nome no jornal da companhia, uma história de "interesse humano" a seu respeito no jornal e a admiração expressa dos amigos e colegas.

Uma Sensação de Confiança

Muitas vezes necessitamos de auxílios externos a fim de levantar o nosso ânimo. As roupas e as circunstâncias externas podem ser controladas até certo ponto pelas nossas próprias atitudes e conduta. Um vendedor de automóveis de grande sucesso, especializado em vender carros de luxo a ricaços, conta a sua fórmula para o sucesso em *The Magic of Believing*, de Bristol. "Eu não só tomo um banho de chuveiro e troco todas as minhas peças de roupa, como ainda vou a uma barbearia e mando fazerem o serviço completo: barba, xampu, manicure. Obviamente, isso importa para o meu aspecto, mas, além disso, intimamente me faz sentir como um novo homem, capaz de enfrentar qualquer coisa."[71]

Em um de seus estimulantes programas de rádio, Earl Nightingale fala sobre o segredo do sucesso do astro famoso, seja ele do mundo do atletismo, dos espetáculos ou dos negócios: "(1) Cada um desses astros dedica-se ao trabalho que mais se aproxima da combinação perfeita com os seus dotes naturais. Ele está onde estão as suas habilidades. (2) Essas pessoas são totalmente dedicadas ao que estão fazendo. Tudo mais é secundário em suas vidas. (3) Possuem uma confiança suprema. Trabalham com ousadia, confiança e segurança porque sabem que podem ter êxito."

Já vi homens em combate com esse mesmo sentido de segurança. Aliás, na última campanha de Okinawa eu mesmo senti isso. A grande maioria de meus amigos morreu ou foi ferida em combate; no entanto, não sofri um arranhão. Eu tinha uma sensação quase fatalista de que, acontecesse o que acontecesse, eu me sairia bem. O meu nome não estava mesmo escrito em uma daquelas balas.

Novalis afirmou: "Felizes aqueles que aqui na terra sonharam com uma visão superior. Poderão suportar mais cedo as glórias do mundo futuro." E Thomas Carlyle disse: "Não existe homem nem mulher tão pequenos que não possam tornar sua vida grande pelo esforço."

> Mantive uma verdade, com aquele que canta
> Ao som de uma harpa límpida, em diversos tons,
> Que os homens podem subir pelos degraus
> De seus seres mortos, para algo mais elevado.
>
> (Alfred Tennyson)

---

[71]C.M. Bristol, *The Magic of Believing* (A Magia de Crer) (Englewood Cliffs, N. J.: Prentice-Hall, Inc., 1948), pág. 167.

A vontade impetuosa reflete-se em palavras ardentes. William Jennings Bryan definiu a eloqüência: "As palavras de alguém que sabe sobre o que está falando e fala a sério — isso é o pensamento ardente... A eloqüência surge quando um orador está tremendamente entusiasmado ao falar de assuntos a respeito dos quais ele está plenamente informado."

Além disso, é impossível conseguir o verdadeiro reconhecimento sem prestar serviço aos outros. O maior dos reconhecimentos reside no coração do indivíduo, quando sabemos que o que fizemos — a que dedicamos a nossa vida — soergueu os oprimidos, deu esperança aos desesperados e encorajou os desanimados.

O Dr. Kenneth McFarland, talvez o maior orador de banquetes dos Estados Unidos, cita o seguinte, em seu livro *Eloquence in Public Speaking*: "O Dr. Edward Rosenow, que trabalhava na Clínica Mayo em Rochester, Minnesota, conta a experiência que o levou a ligar-se ao ramo da medicina. Quando era menino e morava em Minnesota, seu irmão esteve gravemente enfermo. A família esperou aflita até que chegasse o médico. Enquanto o médico examinava o irmão doente, Edward Rosenow manteve os olhos fixos sobre as fisionomias ansiosas e angustiadas dos pais. Por fim o médico virou-se, com um sorriso, e disse: "Podem ficar tranqüilos que o seu filho vai ficar bom." O pequeno Edward ficou profundamente interessado ao ver a modificação que essa declaração provocou nos pais. Contando o incidente anos depois, comentou: "Resolvi ali mesmo, naquela hora, que iria ser médico, para poder iluminar os rostos das pessoas."[72]

É isso. Esse é o verdadeiro reconhecimento. A vontade impetuosa existe quando você quer ser reconhecido pelo serviço

---

[72]Kenneth McFarland, *Eloquence in Public Speaking* (A Eloqüência nos Discursos Públicos) (Englewood Cliffs, N. J.: Prentice-Hall, Inc., 1961), pág. 31.

que prestou aos outros, não necessariamente um reconhecimento externo, mas o reconhecimento íntimo por um trabalho bem-feito — de iluminar os rostos das pessoas, aliviar a dor de um coração perturbado, dar propósito a um vagabundo desperdiçado, levar a harmonia a um lar desfeito, dar alegria a um menino triste.

Alguma Coisa Será Realmente Impossível?

"Todos temos possibilidades que nem sequer conhecemos. Podemos fazer coisas que nem sonhamos ser capazes de fazer. Quando a necessidade surge, mostramo-nos aptos a enfrentar a situação e realmente fazemos as coisas que até então pareciam impossíveis." (Dale Carnegie) "A vida não consiste principalmente em fatos e acontecimentos, mas primordialmente em tumulto de pensamentos que está sempre passando por nossa cabeça." (Mark Twain) Temos de encurralar esses pensamentos, dirigi-los, atrelá-los para o reconhecimento de nós mesmos.

"Desejo conduzir os assuntos dessa administração de tal forma", disse Abraham Lincoln, "que no final, quando largar as rédeas do poder, se tiver perdido todos os outros amigos do mundo, terei ao menos um amigo, e esse estará nas profundezas de meu ser." É esse o reconhecimento íntimo que a vontade dá à realidade. Winston Churchill reafirmou isto: "Enquanto eu falar por dever e convicção, sou indiferente a insultos e escárnios. Acho que provavelmente me fazem mais bem do que mal."

Henry Ford comentou: "Todos os Fords são exatamente iguais, mas não há dois homens exatamente iguais. Cada vida nova é algo novo sob o sol; nunca houve nada assim antes, e nunca tornará a haver. Todo jovem deveria procurar a fagulha de individualidade que o torna diferente das outras pessoas e desenvolvê-la o mais que pudesse. A sociedade e as escolas podem tentar arrancar-lhe isso: a tendência é colocar-nos a todos no mesmo molde, mas insisto: "Não deixem que essa centelha se perca; ela é a sua única possibilidade de vir a ser importante."

"Chega um momento na vida em que, desanimados de encontrar qualquer alegria num futuro terreno, e torturados por conflitos entre a inclinação e o dever, transferimos toda a paixão e o fervor de nossas almas atribuladas a anseios pelo amor divino, buscando a sua misericórdia e tirando dali as únicas esperanças que nos podem alegrar — a única força que nos pode suster." (Edward George Bulwer-Lytton)

Exercício: Desenvolva a Vontade Impetuosa e Tenha Sucesso

A vontade impetuosa é o propulsor a jato para o sucesso:

1. Você precisará de quem o ajude a alcançar o seu propósito principal. Relacione os indivíduos e grupos que poderão ajudá-lo a desenvolver uma vontade impetuosa.

2. Faça uma relação dos indivíduos mais empolgantes e entusiásticos que já conheceu, ou ouviu falar a respeito. Procure relacionar pelo menos 20.

3. Relacione a seguir os livros que terá de ler para organizar um programa constante de aperfeiçoamento da sua vontade impetuosa.

4. Por meio da vitória sobre as preocupações, a associação com pessoas vibrantes, um programa sempre aperfeiçoado de estudos criativos e a declaração regular de sua vontade impetuosa, você fará do sucesso um hábito. Relacione os seus próximos atos para desenvolver a vontade impetuosa.

33. Como Desenvolver a Vontade Impetuosa

A SUA CHAVE para o sucesso hoje é adquirir o hábito do sucesso e da realização. Você tem de desenvolver a vontade impetuosa a fim de conseguir um propósito notável que motive e unifique as forças totais de seu ser.

Em um de seus programas, Earl Nightingale dá uma fórmula para se ganhar um milhão de dólares:

"(1) Entre numa atividade pela qual tenha um interesse pessoal intenso, alguma coisa em que realmente goste de passar de 12 a 15 horas trabalhando.

(2) Aprenda tudo que puder sobre essa atividade, incluindo o que outras pessoas no mesmo setor estiverem fazendo, especialmente as mais bem-sucedidas.

(3) Submeta-se completamente, isto é, entregue-se a essa atividade e depois resolva que será bem-sucedido.

(4) Tenha paciência. Entenda que um dos ingredientes mais importantes para chegar ao sucesso é compreender o quanto ele pode demorar. Aliás, você tem de permanecer em seu setor no mínimo por cinco anos, e ter sempre um saldo positivo durante esse tempo, para poder ser considerado um sucesso.

(5) Aprenda a não fazer caso do que não é importante e das distrações. Você tem pouco tempo, não deixe de usá-lo de modo vantajoso.

(6) Crie, não concorra. Pense com antecedência e passe, com audácia inteligente, para setores novos e talvez não explorados do desenvolvimento. Dirija, em vez de seguir."[73]

Esta é, portanto, a sua fórmula para ter êxito. Está em suas mãos conseguir o sucesso. É você quem dá as ordens em sua vida.

---

[73] *Our Changing World* (Nosso Mundo em Mudança), n7 892.

Não existe um atalho para a realização. Há muita gente que pensa que o único meio de sobressair é por meio do pistolão, da fraude ou fazendo com que alguém bem colocado o recomende. Mesmo que você consiga o cargo que almeja, não o poderá conservar a não ser que domine os princípios do sucesso e conheça bem o ramo; a não ser que se possa igualar a qualquer outro no mesmo cargo, não apenas em sua firma, como ainda entre os concorrentes. Aliás, o pistolão pode ser a pior coisa possível de acontecer a alguém que tenta o sucesso. Pode destruí-lo.

Kate Smith não tinha pistolão. Era uma moça que não conhecia ninguém que a recomendasse, gorda, mas com uma bela voz. Levou muitos anos para começar, mas conseguiu que o país inteiro a aplaudisse. Não se pode deter a vontade impetuosa. Se a sua vontade é bastante forte, você vencerá.

Uma palavra de cautela de Matthew Henry: "Os desejos imoderados geralmente produzem esforços irregulares. Se os nossos desejos não se mantiverem submissos à providência divina, nossas atividades não poderão manter-se sob as restrições dos Seus preceitos." Certifique-se de que as suas metas sejam metas de Deus.

Como Transformar o Padrão de Negócios de uma Cidade

Há alguns anos, fiz compras numa loja cujo lema era "A loja que nunca terá concorrência". O proprietário e gerente, que fora treinado em Marshall Field, em Chicago, tinha uma grande vontade de trocar os hábitos mercantis de uma área metropolitana, e fez exatamente isso com a magia da concorrência e a motivação da propaganda. Não só baixou os preços, criou empregos e desenvolveu um espírito de competição entre os comerciantes, como, direta ou indiretamente, sua influência levou uma vida nova e dinâmica a toda a cidade. Ele tinha uma vontade impetuosa de realizar.

Suba Pelos Calombos

Não há nada que possa deter o homem com a vontade de realizar. Eric Butterworth, em *Good Business Magazine*, conta a seguinte história: "Um menininho estava levando a irmã por um atalho nas montanhas. Ela reclamou: 'Não é nem um caminho. É todo cheio de pedras e calombos.' 'Claro, você deve subir pelos calombos.'" Não há nada que detenha o homem que deseja realizar. Cada obstáculo não passa de um meio de desenvolver os músculos de sua realização. É um fortalecimento de seus poderes de realização.

Já ouviram falar do menino de Decatur, Illinois, que respondeu a um anúncio numa revista, pedindo um livro sobre fotografia, e em vez disso recebeu um sobre ventriloquismo? Ele guardou o livro, estudou-o, fez um boneco de madeira para treinar e tornou-se conhecido mundialmente. Trata-se de Edgar Bengen e Charlie McCarthy, que transformou sua decepção em sucesso.

Não seja como o rapaz que, durante a Segunda Guerra Mundial, confessou: "Não me importaria de ir para a guerra e ser um herói, se soubesse que não iria me ferir." Os ferimentos na viagem da vida não passam de barra de exercícios da realização. São as flexões para o sucesso retumbante.

Quando o general Dwight Eisenhower dirigiu-se às tropas antes de ir para a Normandia, disse: "Não há vitória a preços de liquidação."

Existe história mais emocionante de vontade e determinação na realização do que a de Florence Nightingale? Ela não conseguiu encontrar na Grã-Bretanha um hospital onde pudesse treinar enfermagem, a fim de ir para o campo de batalha atender às necessidades dos soldados feridos. Foi à Alemanha e lá teve um aprendizado duro. No princípio da Guerra da Criméia, transformou radicalmente o conceito e atitude do mundo no cuidado dos soldados feridos em combate. Em seu leito de morte, já com mais de 90 anos, Florence, num estado semiconsciente, disse: "Estou vigiando o altar dos homens assassinados e lutarei eternamente pela sua causa."

Como Conservar-se Jovem

Bristol cita um homem notável que, embora já tenha mais de 70 anos, dá os seguintes segredos para o sucesso: "Faço o plano — e há anos que o faço — de iniciar alguma coisa nova — pelo menos, nova para mim — ao menos uma vez por semana. Pode ser apenas fazer alguma coisinha simples para ser usada na cozinha, pode ser também todo um novo plano de vendas, ou ler um livro desconhecido. Adotando esse plano, verifico que não só mantenho o meu corpo e mente ativos, como ainda ponho em uso várias qualidades da imaginação que, de outro modo, poderiam embrutecer, por atrofiar-se. Essa idéia do homem aposentar-se aos 60 anos é um grande erro. Assim que o homem se aposenta e deixa de ser ativo física e mentalmente, está a caminho da cova. Vocês já viram o que acontece com os cavalos dos bombeiros quando param de trabalhar. Sabem o que acontece com um automóvel quando o deixam ao relento, sem uso e abandonado; começa a enferrujar e em breve seu destino é o ferro-velho. Os seres humanos são a mesma coisa: enferrujam-se ou mirram e morrem quando vão para a prateleira."[74]

A Força Intensa do Destino

O motivo por que a vontade impetuosa é tão necessária no sucesso é que empenhamos um esforço em razão direta do poder de nos empolgarmos emocionalmente para realizarmos o que

[74]Bristol, ibid., pág. 153.

queremos. A vontade é a força propulsora do destino. Pode executar feitos assombrosos.

Para que está lutando? Para onde vai? Você sabe? Você só pode começar a desenvolver a vontade impetuosa quando planejar o programa, estabelecer o propósito e esboçar as metas, e nisso você deve esperar vencer.

Você sabe que há dois tipos de energia, um físico e outro mental e espiritual. Ora, a energia espiritual e mental é muito mais importante, pois a mente subconsciente pode produzir um grande poder de força, sempre que for necessário.

Como Ele Bateu o Recorde

O Dr. Roger Bannister bateu o recorde de corridas de uma milha em quatro minutos, pela primeira vez, no dia 6 de maio de 1954.[75] Ele acreditava, assim como o seu treinador, que era preciso primeiro resolver mentalmente que iria bater esse recorde. Somente depois, então, seria preparado fisicamente para a realização dessa proeza notável. E assim foi. Quatro anos depois, a 6 de agosto de 1958, cinco corredores completaram a milha em menos de quatro minutos, numa corrida em Dublin, na Irlanda. Nesses mesmos quatro anos, Bannister e outros atletas fizeram esse percurso em quatro minutos nada menos que 46 vezes.

O homem que ensinou esse segredo a Roger Bannister foi o Dr. Thomas Kirk Cureton, diretor do Laboratório de Saúde da Universidade de Illinois. O Dr. Cureton diz que qualquer homem, aos 50 anos, pode estar num estado de saúde tão bom quanto aos vinte e poucos anos, se aprender a treinar o corpo. Isto envolve alguns princípios: (1) Treinar todo o corpo. (2) Forçar-se até o limite de sua resistência, ultrapassando esse limite com cada exercício. A arte de bater o recorde consiste na capacidade de exigir de si cada vez mais.

---

[75] Hill and Stone, ibid., pág. 182.

Segundo o Seu Desejo

"Acreditamos que, segundo o nosso desejo, conseguimos modificar as coisas à nossa volta; acreditamos nisso porque de outro modo não vemos nenhuma solução favorável. Esquecemos a solução que logo surge e também é favorável; não conseguimos mudar as coisas conforme o nosso desejo, mas aos poucos o nosso desejo muda... Não conseguimos vencer o obstáculo, como estávamos resolvidos a fazer, porém a vida nos fez contorná-lo, levou-nos além dele, e depois, se viramos para olhar para o passado remoto, mal podemos avistá-lo, de tão imperceptível que se tornou." (Marcel Proust)[76]

"Tudo que tentei fazer nesta vida, procurei de todo coração fazer bem-feito; sempre que me dediquei a alguma coisa, o fiz completamente; nos grandes propósitos, como nos pequenos, sempre levei tudo muito a sério." (Charles Dickens)

"A perseverança dá o poder para a fraqueza e abre à miséria as portas da fortuna. Espalha a fertilidade sobre a paisagem árida e faz com que as melhores frutas e flores brotem e floresçam na morada do deserto das sarças e espinhos." (Samuel Goodrich)

Tome Posse de Sua Mente

Andrew Carnegie observou: "O homem que adquire a faculdade de tomar plena posse de sua mente pode se apoderar de tudo mais a que tiver direito... O homem que se dominar por meio da autodisciplina nunca poderá ser dominado pelos outros."

---

[76]Marcel Proust, *Remembrance of Things Past* (Em Busca do Tempo Perdido) (Nova York: Random House).

Não pode haver vontade impetuosa a não ser que ela crie uma determinação fantástica.

"Não me moverei nem um centímetro." (Shakespeare)

"O melhor pára-raios para a sua proteção é a sua espinha dorsal." (Emerson)

"Quem for firme e resoluto em sua vontade, molda o mundo para si." (Goethe)

"Ou encontrarei um meio, ou fabricarei um." (Sir P. Sidney)

"A energia fará tudo que puder ser feito no mundo; nem o talento, nem as circunstâncias, nem as oportunidades farão um homem de um animal de duas pernas." (Goethe)

"A sabedoria mais verdadeira, em geral, é uma determinação absoluta." (Napoleão)

"Trabalhe — dedique-se —, pense, espere; você certa e espontaneamente sonhará bastante antes de morrer." (Sterling)

Você deve desenvolver em sua mente uma vontade fantástica, impetuosa, de realizar, de brilhar. Conforme o homem pensa em seu coração, assim é ele.

Earl Nightingale cita o Dr. Leslie J. Nason, professor da Universidade da Carolina do Sul. "Você pode ler a imagem que uma criança faz de si em seus atos. Se ela se acha valente, mostra isso. Se pensa que é medrosa, o revela. Se crê que é boa, assim se manifesta. Se acredita que é má, age como tal. Ela cria essa imagem de si da mesma maneira que todos nós o fazemos, isto é, vendo como os outros reagem a nossas manifestações. Os pais criam a imagem do filho quando lhe dizem que é sempre desobediente ou que é um menino bonzinho. O mestre na escola ressalta o que há de melhor nos bons alunos, ou evidencia o pior nos alunos desordeiros, continuando a comentar sobre isso eternamente. Mas, acima de tudo, agimos de acordo com a imagem que temos de nós mesmos. Está tudo em nossas mãos. Todos devem ter uma espécie de imagem pessoal para orientar o seu comportamento. Geralmente, esta só cria problemas quando é errada." Essas verdades ditas pelo Dr. Nason são bastante óbvias. Você pode modificar a imagem que teve no passado. Pode resolver-se a fazer o que deseja fazer. Pode realizar, desde que desenvolva uma vontade impetuosa.

34. A Vontade Impetuosa Resulta em Emulação e Orgulho

A SUA CHAVE para o sucesso hoje é criar a emulação e o orgulho. Earl Nightingale conta a história de um homem que foi visto correndo em direção a um grande rio. Ao chegar ao cais, ele aumentou sua velocidade, e quando chegou ao fim, lançou-se o mais alto e mais para longe que pôde antes de cair na água. Assim que voltou à tona, nadou de volta à margem e repetiu o que fizera uma porção de vezes. Um amigo perguntou-lhe:

— O que está fazendo?

Ele disse:

— Um amigo meu apostou um milhão de dólares comigo que eu não conseguia saltar até o outro lado do rio, e depois de pensar nas probabilidades, não pude deixar de tentar, pelo menos. Isso é emulação. O espírito de concorrência, de coragem e de orgulho pessoal é um dos fatores emocionais mais importantes na realização do estilo de vida americano.

Os 25% de vendedores que fazem 75% de todas as vendas têm êxito porque não param de trabalhar. Não desistem. Têm coragem e senso de emulação. A competição é lutar com outro pelo prêmio, empenhar-se num concurso, competir numa corrida, nos negócios, ou em qualquer atividade, procurar sobrepujar, salientar-se como indivíduo ou grupo de indivíduos. Isso implica um sentido de rivalidade, de procurar fazer o máximo, sobrepujando os outros. Certamente há a sugestão da oposição e disputa, bem como de rivalidade. Há obstáculos a transpor. Está envolvida a disciplina pessoal. Há luta, trabalho duro, medo, frustração e inimigos amistosos a vencer. Charles F. Kettering disse: "Descobri que se eu tiver fé em mim e na idéia que está me ocorrendo, geralmente saio vencedor." Ora, vejam o sentido de competição: Kettering estava concorrendo com um possível fracasso científico e com outros homens de negócio. Tinha uma meta, um propósito e um plano.

Você É Mais Forte do Que Pensa

Dale Carnegie afirmou: "Nós todos podemos suportar o desastre e a tragédia e triunfar sobre eles — se formos obrigados a isso. Podemos pensar que não o conseguiremos, porém temos recursos íntimos surpreendentemente fortes que nos farão vencer se ao menos quisermos utilizá-los. Somos mais fortes do que pensamos." William James também se manifestou a respeito: "Para sentir coragem aja como se a tivesse, use toda a sua vontade para isso; um acesso de coragem provavelmente substituirá o acesso de medo." Ralph Waldo Emerson disse: "Aqueles que crêem que podem conquistar, conquistarão. Quem não vence um temor cada dia que passa não aprendeu a primeira lição da vida."

Quantas vezes você não adiou a tentativa de fazer alguma coisa, porque sabia que não poderia ser feita? Você resolvera isso de antemão. Depois, por algum motivo, foi forçado a tentar e viu logo que aquilo que parecia impossível a distância podia ser facilmente realizado. Então, sentiu-se tentado a maldizer-se por não ter procurado agir antes.

Desenvolva a Emulação

Um espírito de emulação sadia, desenvolvido em casa com as crianças ainda pequenas, praticado e desafiado no campo de esportes e nas salas de aula, e depois levado a frutificar e enriquecer-se nos corredores comerciais da vida adulta, produz a alegria e o senso de realização intenso.

Conta-se que um certo menino era um grande problema, metendo-se em tudo, até que o pai sugeriu que lhe comprassem uma bicicleta como presente de Natal. A mãe perguntou:

— E isso o tornará mais bonzinho?

O pai respondeu:

— Não, mas vai espalhar as suas diabruras por um espaço maior.

O menino levado, dinâmico e irresponsável não é o que geralmente deve causar preocupação. Isso não quer dizer que você deva determinar a um menino assim que fique quieto enquanto o recrimina. Não se pode dizer a um garoto de 10 ou 12 anos: "Não faça isso ou aquilo, ou não se mexa." Apenas podemos colocá-lo na direção certa. Ele já é competitivo. Tem o gosto da vida.

A criança com quem você deve preocupar-se é a introvertida — o tipo acanhado, que tem medo até da própria sombra. Ela não se relaciona nem compete. Lee H. Oswald, que assassinou o presidente Kennedy no dia 22 de novembro de 1963, era um solitário; não se comunicava.

Quando você consegue desinibir um garoto e fazê-lo competir, ele começa a viver. Começa a apresentar o seu lado melhor, o total de sua capacidade em matéria de competição. A mesma coisa ocorre com a quantidade trágica de alunos que largam os estudos secundários — não têm emulação. Nunca se esqueça de que o homem que acredita que, por ter o seu diploma de faculdade ou de pós-graduação, tem o mundo a seus pés, já é um fracasso, pois deixou de competir. A instrução visa dar ao homem uma ferramenta que o auxilie a tomar as decisões, enfrentar as emergências e escalar as montanhosas oportunidades da vida. O homem que teve uma instrução além de sua inteligência está sentado sobre seu diploma, e bem satisfeito.

Sua Personalidade Bem Integrada

O Dr. Alexis Carrel, em *O Homem, esse Desconhecido?*, diz: "O indivíduo bem-sucedido tem uma intensidade que determina a sua classe social; as pessoas mais felizes e úteis são aquelas com um todo bem integrado de atividades intelectuais, morais e orgânicas... O chamado gênio, o grande artista, o grande cientista, o grande filósofo, o grande músico, o negociante bem-sucedido geralmente são homens de habilidades normais que superdesenvolveram uma determinada fase de sua capacidade e personalidade." Ele então conclui: "O Gênio pode ser comparado a um tumor que cresce num organismo normal."

Sabe que muitas dessas pessoas são infelizes? Dão a toda a comunidade o benefício de seus impulsos poderosos, nas muitas vezes são desmantelados, em desarmonia, e desajustados diante dos outros. Sim, diz o Dr. Carrel, "as pessoas mais felizes e as que mais contribuem para a vida são as que têm personalidades integradas." Em outras palavras, relacionam-se com as outras e reagem ao desafio das outras num espírito de emulação que gera uma vontade impetuosa.

Você tem muito mais habilidade do que jamais ousou crer. Lembre-se, a pessoa normal usa menos de 10% de sua capacidade mental total.

Que desculpa horrível eu dava a mim mesmo, argumentando contra a idéia de aprender as técnicas de memória para aperfeiçoar minha capacidade de memorizar. Eu dizia: "Você só pode se recordar de um certo número de coisas, de modo que se expulsar as que já aprendeu, não terá lugar para tudo que precisa aprender." Que tolice. O campo mais fértil em todo o mundo e o território mais inexplorado em todo o universo — maior ainda do que o próprio espaço — é a mente humana. Você aprende a usar todos os intrumentos possíveis para fortalecer os seus poderes mentais. Desenvolva esse senso de emulação. Você observará que disso virá um maior desejo de realizar, de conseguir as coisas, de se salientar acima do homem comum.

Continue Competitivo e Realize

Esse espírito de emulação é o que chamaram, muito apropriadamente, de *descontentamento planejado*. Lembre-se das palavras de Joel Chandler Harris: "Atenção quando você estiver obtendo tudo que quer. Engordar porcos não dá sorte." O homem competitivo nunca se dá por satisfeito; passa de um setor de realizações para outro, e assim por diante.

Há pouco tempo vi um artigo de jornal relatando que certos homens de negócio, devido a horários pesados, em determinado momento precisavam descansar e eram obrigados, por ordem médica, a tirar licença do trabalho e sair de férias. Descobriu-se uma coisa assombrosa. Esses homens não ficavam contentes, satisfeitos ou felizes por ficarem sem fazer nada. Quando estavam fora, numa licença de 90 dias, descobriu-se que fundavam um novo negócio, assumindo a consultoria para outra firma, inaugurando um hotel, coisas assim. O artigo concluía que há certos homens que têm mentes, organismos e habilidades superiores. São, na verdade, homens superiores. Nasceram assim? Não, conseguiram isso por meio da emulação, do orgulho e de uma vontade impetuosa.

Começa com grandeza! embora tenhas tempo
Para apenas uma linha, que seja sublime —
Não é o fracasso, um crime, e sim o fim mesquinho.

(James Russell Lowell)

Aspira, rompe os grilhões, digo;
Procura ser bom
E melhor ainda, e o melhor —
O sucesso é nada, o esforço é tudo.

(Robert Browning)

Houve tempos em que um cavalheiro era um homem de posses, com extensas propriedades e escravos, cuja única ocupação era contar seu dinheiro e viver uma vida de luxo e lazer. Não é maravilhoso que isso tenha mudado? Um cavalheiro hoje é um homem que trata os outros como se fossem melhores do que ele, ou pelo menos seus pares.

A Vontade Impetuosa Como Atividade Única

Lembra-se dos dias de reuniões na pista de corridas, você correndo com sua roupa de futebol, nos exercícios? Lembra-se daqueles alegres jogos de verão, para ver quem nadava mais debaixo d'água, ou mergulhava mais longe? É isso que temos de continuar a fazer — desenvolver o espírito de emulação. Quando uma pessoa faz o melhor que pode, dá tudo que tem, e ao fazê-lo atende as necessidades da família e da sociedade. Essa pessoa alcançou o sucesso; fez do sucesso um hábito.

A pessoa que procurar obter algo de alguém sem pagar devidamente pelo que recebe jamais conhecerá a alegria da competição. Receber por um trabalho que não se fez constitui um roubo tão grave quanto assaltar à mão armada. As estimativas mostram que quatro milhões de dólares em dinheiro e mercadorias são roubados aos empregados todos os dias nos Estados Unidos. Isso significa um bilhão de dólares por ano — uma acusação trágica. É uma prova terrível de que os homens não aprendem as verdadeiras alegrias da emulação e da vontade impetuosa.

Earl Nightingale cita Milton Carlton, que, aos 11 anos, ganhou um concurso de discurso numa escola da Califórnia: "Ao falar de homens que tiveram um sucesso notável (dizia Carlton), 'Tinham um impulso ardente para serem bem-sucedidos; recusavam-se a aceitar o fracasso como a resposta final; muitas vezes transformavam seus defeitos físicos em vantagens; preocupavam-se com as outras pessoas; e trabalhavam muito e constantemente. Há muito pouca diferença entre as pessoas —

e essa pequena diferença faz uma grande diferença. A única diferença é a atitude. Desde os nossos tempos de jardim de infância, ouvimos a história da pequena locomotiva que subiu o morro dizendo: Acho-que-sim, acho-que-sim'." Que discurso para um garoto de onze anos!

Sim, a emulação é a chave da vontade impetuosa, que por sua vez é a alegria da realização. Lembre-se, você pode fazer tudo que quiser no mundo, se puder desenvolver a vontade impetuosa. Torne a sua competição alege, feliz e amável. Faça dos concorrentes seus amigos; crie um espírito de competição sadia e verá que a vida vale a pena. Você pode fazer do sucesso um hábito.

35. Desenvolvendo a Vontade Impetuosa

A SUA CHAVE para o sucesso hoje é desenvolver a vontade impetuosa e fazer do sucesso um hábito.

O que o homem pode conceber mentalmente, poderá materializar. Por mais deprimido que você estiver, pode readquirir a vontade impetuosa imediatamente se voltar às metas e ao propósito aos quais se dedicou originariamente. Nunca se esqueça de que a realização perseverante de uma meta de valor é o sucesso.

Em seu extraordinário livro *Eloquence in Public Speaking,* o Dr. Kenneth McFarland, um dos mais notáveis oradores públicos dos Estados Unidos, diz que "a qualidade indispensável para um orador, assim como para um líder, é a vitalidade". Essa palavra significa "de uma importância vital, de verdade, inspirando vida e vigor, animação, vivacidade, fundamental, essencial, importante, significativo, necessário, exuberante, algo que tem força vital". "Contém o entusiasmo, além da verdade e outras qualidades que dão vida e garantem o rumo certo do entusiasmo."[77]

Eis Como

Você pode desenvolver a vontade impetuosa. Primeiro, deve ter uma meta: e, naturalmente, as metas são propósitos. As metas e os propósitos só diferem quanto ao grau. O propósito se realiza a longo prazo; é o sonho geral de toda a sua vida. As metas são pontos de verificação ao longo do caminho para o sucesso. Você sabe para onde vai? Sabe o que fazer? Lembre-se, nós nos tornamos aquilo em que pensamos. Se você tiver uma meta, tem uma imagem pessoal. Vive, respira, age e caminha com dinamismo e determinação. Se vir um homem na rua caminhando apressado, a cabeça erguida, os ombros retos, com uma postura militar, movimentos fortes, esse homem tem uma meta. Sabe o que está fazendo. Um covarde não pode ser um cruzado.

Napoleon Hill disse: "Qualquer idéia que é mantida na mente, enfatizada, temida ou reverenciada, começa, imediatamente, a revestir-se da forma física mais conveniente e apropriada."[78] E arrematou: "A transferência do pensamento do domínio consciente para o subconsciente da mente pode ser acelerada pelo simples processo de aproximação gradual ou estimulação das vibrações do pensamento, por meio da fé, do medo, ou mesmo de qualquer outra emoção fortemente intensificada, como é o caso do entusiasmo, um desejo ardente baseado na definição de propósitos."

Cristóvão Colombo sonhou com um novo mundo e partiu para descobri-lo, sem considerar o custo. Sabemos o que aconteceu. Thomas A. Edison sonhou iluminar o mundo com lâmpa-

---

[77] McFarland, ibid., pág. 238.

[78] Hill, *A Chave Mestra das Riquezas*, pág. 61.

das incandescentes e trabalhou sem cessar para a concretização de seu sonho, embora pagando o preço de 10.000 fracassos. Samuel Johnson comentou: "Os nossos desejos sempre aumentam com as nossas posses. O fato de saber que ainda existe alguma coisa a ser provada nos impede de usufruir com prazer os bens que temos diante de nós."

O segundo meio de desenvolver a vontade impetuosa é renovar a energia dinâmica. Não devemos nunca nos acomodar. Dale Carnegie observou: "O fato de você se fazer uma preleção para levantar o moral todos os dias será tolo, superficial, infantil? Não, pelo contrário. Isso é a própria essência da boa psicologia." Mantenha-se entusiasmado com o seu trabalho. Encontramos o entusiasmo quando seguimos seriamente o caminho para uma realização gloriosa, romântica e ansiosa que está à nossa frente.

As pessoas desanimam devido a vários fatores: trabalho ou diversões demais, falta de rotina para as atividades ou ausência de equilíbrio na vida. O homem é um ser de quatro facetas. É físico, mental, social e espiritual. Portanto, as suas atividades diárias e semanais devem incluir um estímulo mental criativo. É muito importante você encontrar isso em seu trabalho. O homem que morre um pouco durante oito horas de trabalho também está morto em casa.

Certamente deve haver o estímulo de relações sociais alegres e significativas, a criação de novos relacionamentos com outros indivíduos e a conservação e o fortalecimento dos relacionamentos existentes. Naturalmente, precisamos de um programa de saúde e aperfeiçoamento físico; ao mesmo tempo, somos seres espirituais e necessitamos de um relacionamento diário e semanal de culto. Escolha a sua Igreja livremente e lance-se a ela com vitalidade. Não existe isso de comungar com Deus no campo, pescando no lago, jogando golfe, ou no jardim. É impossível. Em toda a sua vida você deve perseguir a alegria de servir.

O terceiro meio de desenvolver a vontade impetuosa é ser competitivo em seu trabalho. Cultive a alegria da realização e o espírito de competição de outros envolvidos na mesma vocação geral. O homem que pára de estudar, de ler ou de trabalhar acaba arruinando seus negócios. Muitas vezes me perguntam: "Como você arranja tempo para ler?" Encontramos tempo para fazer aquilo que queremos fazer e que tem significado para nós. Leio nos aviões, na sala de espera de um consultório médico. Não desperdiço um momento sequer. Leio tarde da noite, depois das responsabilidades do dia, enquanto outros estão assistindo a algum programa sem importância na televisão. Discipline-se no sentido de rejeitar aquilo que não tem um propósito em sua vida.

O quarto meio é felicitar-se regularmente por suas realizações. Compreenda que você está trabalhando para a sua meta, que está realizando.

O quinto meio de desenvolver a vontade impetuosa é ser criativo. A fim de fazer isso, você tem de se esforçar. Você possui uma habilidade grande e ilimitada, mas que nunca foi posta à prova, nunca foi ampliada. Em algumas faculdades e universidades, 75% dos calouros desistem. Isso não é trágico? Não poderiam ter ingressado ali, com os atuais exames, se não tivessem capacidade para terminar o curso. Porém não eram criativos; não se punham à prova; não se propunham a vencer.

Tenho um amigo formado em medicina que no momento em que conseguiu o diploma deixou de estudar. Hoje está estagnado. Tragicamente e de maneira corrosiva, limitou sua vida aos que o cercam. Deixou de ser criativo.

Há certas companhias que têm como norma só empregar pessoas com diplomas universitários. Certamente, há ramos que exigem um treinamento especializado que somente um diploma universitário pode dar, mas alguns dos indivíduos mais notáveis do mundo foram homens impelidos para uma atividade dinâmica, devido ao profundo sentimento de inferioridade que traz a falta total de instrução. Pessoalmente, prefiro empregar um indivíduo entusiástico, dinâmico e criativo que queira realizar coisas, mesmo que tenha uma instrução limitada, a um homem com todos os diplomas do mundo mas que parou de estudar.

O Dr. John W. Gardner, presidente da Carnegie Foundation,

declara que o povo americano dá uma importância totalmente falsa ao ensino universitário. Ele acha que o grande prestígio que o diploma universitário conseguiu em nossa sociedade leva as pessoas a suporem — erradamente — que a universidade é a única forma de ensino continuado depois do curso secundário. O estudo deve prosseguir por toda a vida, e se você pretende desenvolver a vontade impetuosa, tem de continuar a ser maravilhosamente criativo.

Exercício: Como Desenvolver a Vontade Impetuosa

Fazer da vontade impetuosa um hábito lhe garante o sucesso:

1. Esqueça o seu complexo de inferioridade, e, com um empenho audacioso, reformule o seu propósito primordial.

2. Tome a fórmula de Earl Nightingale para ganhar um milhão de dólares e aplique o plano de seis pontos ao seu propósito principal.

   A.
   B.
   C.
   D.
   E.
   F.

3. Faça uma lista das decepções de sua vida, que você hoje percebe terem sido os calombos através dos quais atingiu o sucesso.

4. Considere uma situação tida como impossível em sua vida, e, com a fórmula de Roger Bannister, esboce qual a sua meta e como bater o recorde.

A. Treine todo o seu organismo. Como?

B. Esforce-se ao limite máximo todos os dias, ultrapassando o que fez antes. Agora aplique isso à sua situação.

5. Lembre-se de que Bannister primeiro decidiu mentalmente que podia fazer aquilo. Você também pode. Esboce o seu plano para dominar de maneira total a sua mente.

6. Desenvolva a vontade:

A. Declarando qual a sua meta.

B. Renovando sua energia dinâmica. Como?

C. Mantendo-se competitivo. Como?

D. Felicitando-se por suas realizações. Diga a si mesmo: "Agora você é formidável."

E. Sendo criativo. Como?

Seção VIII

AGORA — AÇÃO!

36. O Planejamento

A SUA CHAVE para o sucesso hoje é o planejamento.

Um arquiteto passa muitas horas para descobrir quais os sonhos, metas, propósitos, intenções e utilizações que estão no coração do cliente para construir a casa. Ele literalmente rouba a mente do cliente. Depois põe no papel essas aspirações com os devidos desenhos e especificações, de modo que o empreiteiro, subempreteiro e todos os fornecedores possam executar de modo correto a sua função, objetivando construir o prédio ideal.

O seu caminho para o sucesso exige um planejamento. Você tem de fazer planos, pensar sobre eles e agir de acordo com eles.

A ação é tão essencial ao sucesso quanto o motor e a gasolina o são para o carro. Mas os resultados são apenas pretextos para a atividade. Temos de saber por que estamos agindo e procurar a realização de nossas metas.

Andrew Carnegie, que fez uma fortuna de 500.000.000 de dólares, disse: "'Saber é poder' é uma meia-verdade, pois o saber é apenas o poder em potencial. Pode se tornar poder somente quando for organizado e expresso em termos de uma ação definida. Saber não é poder, mas a apropriação do conhecimento e experiência de outros homens para a realização de um propósito definido, isto é poder."

Um provérbio chinês diz: "Uma viagem de mil quilômetros começa com o primeiro passo." Mas em que direção? Planeje a sua direção. Quando a meta é clara, e o propósito forte, o passo será decisivo, firme e forte. A direção e a determinação é que resolvem o destino.

Faça Planos Grandiosos Agora

Daniel Hudson Burnham disse: "Faça planos grandiosos. Tenha objetivos elevados, esperança e trabalhe, lembrando-se de que um diagrama nobre e lógico não morre nunca, uma vez registrado, e muito depois que nos formos será uma coisa viva, manifestando-se com uma insistência cada vez maior. Pense que nossos filhos e netos farão coisas que nos assombrarão."[79]

Um bom planejamento pode salvar a sua vida. Em março de 1953, passei a usar os cintos de segurança de meu automóvel. Em março de 1961, dirigia meu carro a 110km por hora, quando um fazendeiro entrou de súbito na estrada com seu carro, atingindo-me do lado esquerdo. Capotei seis vezes, e o automóvel ficou totalmente destruído, tendo parado, as rodas para o ar, numa vala de drenagem. Saí do carro apenas com ligeiro ferimento na testa, e quatro horas depois já estava falando. Devo a minha vida ao planejamento.

Uma Coisa Necessária

Há muitas coisas que contribuem para o sucesso: boa saúde (nem sempre é essencial) e energia — resultado de boa saúde, perseverança, bom senso, entusiasmo e talento. Há uma coisa, porém, sem a qual todas as outras não resultarão no sucesso. Qual é? O trabalho coordenado com o que desejamos realizar. Outra palavra que poderíamos usar para o trabalho é ação.

Um circo anunciara que tinha 24 elefantes. No dia do desfile circense, um executivo muito ocupado foi interrompido a caminho do escritório pelo cortejo. Não podia perder o encontro que havia marcado, que lhe renderia centenas de dólares de comissões. Lembrou-se do anúncio dos 24 elefantes. Quando os animais apareceram, a tromba de um segurando a cauda do da frente, ele

---

[79] *Our Changing World* (Nosso Mundo em Mudança), nº 795.

resolveu contar até 24 e acelerar o carro entre o último elefante e o veículo seguinte. Contou 19, 20, 21, 22, 23 e quando apareceu a tromba do 24º, acelerou o carro e atravessou o cruzamento. O que ele não sabia é que o circo levara mais um elefante. Ele bateu no animal, matando-o e destruindo o seu carro.

Chegaram o gerente do circo e a polícia. Disseram:

— O senhor terá de pagar o prejuízo.

O homem de negócios retrucou:

— A culpa é minha, pagarei, quanto é?

— Trinta e cinco mil dólares.

— O quê? Pode-se importar um elefante da África por cinco mil dólares. Matei apenas um elefante.

— Nada disso, o senhor matou um elefante e arrancou a cauda de mais vinte e três.

O homem dessa história tinha um plano e agiu de acordo com ele. No entanto, não o verificou direito, e isso lhe custou dinheiro. Também no nosso mundo acontece que deixemos de investigar e nos preparar para todas as contingências.

Faça planos grandiosos e aja de acordo. Verifique-os com regularidade. Você pode ter sucesso.

37. A Atitude Correta

A SUA CHAVE para o sucesso hoje é a atitude correta. O seu sucesso depende de sua atitude. Os frutos do sucesso — sensação de realização, paz, emulação estimulada e empolgante etc. — não lhe caberão, a menos que sua atitude para com o seu desejo, realização, sucesso seja correta. Você sente uma satisfação íntima por saber que está agindo da maneira certa. Isso então ajuda a motivá-lo. A sua atitude determina a sua ação.

Classifiquem-me entre os melhores ou piores,
Somente entre esses os sentidos se aguçam,
Serei o primeiro, ou o último.
Nunca hei de apodrecer como neutro, entre os dois.

(Jack Wardlow)

Em seu livro *The Story of Man*, Carlton I. Coon diz: "A caça exercita todo o corpo humano, como o fazem poucas outras atividades. Valoriza uma boa visão; quem vê bem de longe leva vantagem. Também valoriza a capacidade de tomar decisões rápidas, agir depressa e trabalhar em equipe. A obediência e a liderança não podem ter melhor escola."[80]

Somos caçadores, naquela caçada romântica e interessante do sucesso. Temos de pagar o preço, atravessar rios, escalar montanhas, padecer de falta de sono e outras dificuldades, mas o prazer de antecipar a caçada, a camaradagem, o entusiasmo da ocasião e as horas deliciosas de conversa muitas vezes beneficia o caçador.

A Chave de Ouro — A Iniciativa

"A iniciativa é uma qualidade excessivamente rara que leva — ou melhor, impele — a pessoa a fazer o que deve ser feito, sem ser mandada." (Napoleon Hill) Elbert exprimiu-se sobre o tema iniciativa nos seguintes termos: "O mundo dá seus grandes prêmios, tanto em dinheiro como em horas, por uma coisa chamada iniciativa. Esta consiste em fazer o que é certo sem ser mandado."

O entusiasmo é o lubrificante da maquinaria da ação. Todas as pessoas têm quantidades variadas de energia, dependendo da

[80]Carlton, I. Coon, *The Story of Man* (A História do Homem) (Nova York, Knopf, 1962), pág. 47.

capacidade de entusiasmo, do valor da meta, de associações e outros fatores.

Aprenda a armazenar, utilizar e despender suas energias para obter o melhor efeito.

Cinco minutos de ódio consomem mais energia do que oito horas de trabalho pesado.

Você pode transformar grandemente a sua personalidade modificando a sua atitude. O controle do seu gênio, uma severa disciplina do ódio, da inveja e vingança, entremeados com o pensamento positivo, o amor, a esperança e a vontade, podem tornar a sua vida uma magnífica trajetória, em vez de uma odisséia sem sentido.

38. A Ação Cria a Coragem

A AÇÃO EXIGE coragem. Mas também a desenvolve. Você pode ter sucesso. Tem a vontade de crer? Ousa seguir a fé? É capaz de colher as informações rápida e completamente, e depois agir? Um executivo é uma pessoa que sabe agir.

Uma atitude comum é esta: não se arrisque; não se exponha. Há muita gente que tem medo de se expor, quando ainda nem começou a agir. Logo após a Segunda Guerra Mundial, as pessoas diziam: "Não construa. Os custos estão muito altos. Os preços vão baixar." E durante os seis anos subseqüentes os custos subiram aproximadamente 1% ao mês. Poderiam ter sido economizadas quantias fabulosas se tivessem construído na ocasião propícia.

Georges Clemenceau disse: "Um homem que gosta de se convencer antes de agir não é um homem de ação. O jogador de tênis, antes de devolver a bola, começa a duvidar do valor físico e moral do jogo? Você deve agir assim como respira." Oliver Wendell Holmes Jr. observou: "A vida é ação e paixão; portanto, exige-se de um homem que ele partilhe a paixão e ação de sua época, pois caso contrário corre o risco de julgarem que não viveu."

Faça a Sua Própria Inspiração

Os grandes homens não esperam pela inspiração. O mal da ação é a idéia de que temos de sentir certa coisa antes de agir. Não há nada neste mundo tão volúvel quanto o sentimento. Nossas emoções são governadas por nossa vontade. Esqueça-se das emoções! Aja.

Os escritores profissionais riem quando alguém diz: "Tenho de esperar que me venha o estado de espírito. Tenho de cortejar a musa e aguardar a inspiração." Você nunca há de ganhar a vida escrevendo se fizer isso. Há prazos a serem respeitados. Além disso, quanto mais escrevemos, mais surge matéria inspiradora, pois a ação estimula os processos do pensamento, traz do subconsciente a verdade e a maior inspiração. Se você agir, verá que realiza muito mais do que se esperar.

Gostaria de ser mais corajoso? Dale Carnegie dá cinco regras sumárias que, seguidas, garantem aumentar a sua coragem.

"(1) Aja como se fosse corajoso. Isso o torna um pouco mais valente, como se um de seus lados tivesse sido desafiado e quisesse demonstrar não ser totalmente medroso.

(2) Pare para refletir que outros já tiveram de enfrentar grandes decepções e obstáculos, e os venceram. E o que os outros fizeram, você certamente também fará.

(3) Lembre-se de que as forças de sua vida se movem numa espécie de ritmo, e quando se sentir deprimido, sem ânimo para enfrentar a vida, talvez seja porque está desencorajado; se conservar a sua coragem, provavelmente sairá da depressão pelas próprias forças que no momento o puxam para baixo.

(4) Lembre-se de que você se sente mais desencorajado e

desanimado durante as horas da noite. A coragem vem com o sol.

(5) A coragem é a medida de uma grande alma. Procure corresponder."[81]

A Ação Cultiva a Sua Coragem

Recordo-me dos combates dos fuzileiros navais no Pacífico, na Segunda Guerra Mundial. Se ficássemos na trincheira, pensando na possibilidade de sermos atingidos, continuaríamos ali deitados, com medo e frenéticos, ou estouraríamos emocionalmente. Decidimos, então, sair da trincheira e agir. E com mais ação, dia a dia a coragem nos vinha. O general Omar Bradley dissera: "A bravura é a capacidade de agir corretamente mesmo diante do pavor." Exige a ação, que vai desencadear outras reações.

Foi Dale Carnegie quem afirmou: "Nunca tive pena de ninguém, homem ou mulher, por ter de ganhar a vida. Mas sinto uma pena enorme de todos que não têm entusiasmo pelo tipo de trabalho que fazem. Para mim, é uma grande tragédia a pessoa não encontrar cedo na vida o tipo de trabalho que gosta de fazer, para que possa aplicar aí toda a força e entusiasmo da juventude." "Se você estiver arrasado pela tristeza, o desastre ou a calamidade, ocupe-se fazendo alguma coisa. Mantenha a mente e as mãos ocupadas. Isso o ajudará muito."[82]

Como piloto particular, aprendi que a ação expulsa o medo. É comum fazer com que uma pessoa que tenha sofrido um desastre de avião voe de novo assim que estiver em condições físicas de fazê-lo. Isso expulsa o medo.

---

[81]Dorothy Carnegie, ed., *Carnegie's Scrapbook* (O Livro de Recortes de Carnegie) (Nova York: Simon and Schuster, Inc., 1959), pág. 6.
[82]Carnegie, ibid., pág. 193.

Nos dias tenebrosos da Depressão, o medo, espesso como uma bruma, enchia as cabeças de muitos americanos. O presidente Roosevelt chamou Napoleon Hill ao seu gabinete, em 1933, e formulou com ele um plano para restituir a calma ao povo, que perdera a confiança em si e em sua pátria. Hill diz que o lema que escolheram foi "Um Por Todos e Todos Por Um". Foi instituído para ser difundido em todas as linhas dos partidos políticos, em todos os meios de comunicações, incluindo jornais e estações de rádio. Em vez da Depressão, o assunto seria a recuperação dos negócios. As escolas públicas de todos os níveis fizeram parte do projeto. O clero, de todas as seitas, foi encorajado a pregar enfatizando o lado positivo da situação. Depois, o presidente Roosevelt iniciou uma série de palestras, de um modo caloroso e amigo, que inspirou uma confiança enorme. Todos sabemos qual foi o resultado. Quase imediatamente, a nação passou a pensar de modo positivo. E começou a mexer-se economicamente. Sim, a coragem segue-se à ação.

Conhece o provérbio russo "Reze a Deus, mas continue a remar para a terra"? Alguém disse que "devemos rezar como se tudo dependesse de Deus, mas continuar a trabalhar como se tudo dependesse de nós". Com coragem, você pode ter sucesso.

39. A Ação Gera a Realização

A SUA CHAVE para o sucesso pessoal hoje é a ação, pois nela está a realização. E a realização é o sucesso. O homem bem-sucedido é o homem de ação. Theodore Roosevelt disse: "Tomei a Zona do Canal e deixei que o Congresso discutisse, e enquanto a discussão progride, o canal também progride." Foi um homem de grande atividade e coragem.

A ação traz a realização. Earl Nightingale criou uma fórmula que sugere que o valor líquido de uma pessoa é 16 vezes e dois terços o seu salário anual. Qual a sua renda média anual? Multiplique isso por 16 e dois terços e terá o quanto vale. Se você ganha 10.000 dólares por ano, valerá 166.666 dólares, isto é, se for um homem ativo. Caso contrário, não será um homem realizador. Philips Brooks aconselha: "Não reze por tarefas que correspondem à sua capacidade; reze por uma capacidade que corresponda às suas tarefas. No seu trabalho não haverá milagres, mas você será o milagre."

A Prisão o Libertou

Clement Stone e Napoleon Hill contam a estimulante história de Kenneth Erwin Harmon, funcionário civil da Marinha em Manilha, quando os japoneses desembarcaram, em 1941. Ele foi capturado e preso no hotel durante dois dias, antes de ser enviado para o campo de prisioneiros. Nesse campo, viu um livro nas mãos de um companheiro. Chamava-se *Think and Grow Rich*. Leu-o. Encantado com o livro, perguntou ao amigo se podia copiá-lo, no que foi atendido.

Começou febrilmente, palavra por palavra, página por página, capítulo por capítulo, dia e noite, sabendo sempre que em breve eles se separariam e ele não teria mais o livro. Uma hora depois de ter copiado a última página, foi transferido para o famoso campo de prisioneiros de Santo Tomás, em Manilha, onde morreram milhares e milhares de prisioneiros de guerra. Durante mais de três anos em que ficou prisioneiro ali, leu todo o livro, decorando grande parte. No fim da guerra, quando foi libertado, não tinha medo do presente nem do futuro. Suas palavras: "Eu estava melhor quando saí de Santo Tomás do que quando fui internado; estava mais preparado para a vida, mais alerta mentalmente. O sucesso tem de ser praticado continuamente, senão bate as asas e voa."[83]

A ação gera realizações maravilhosas, notáveis, gloriosas. Você pode ter sucesso. A decisão é sua.

Exercício: Agora — Ação!

A ação confirma o hábito do sucesso:

1. Como um propósito importante bem expresso já está quase alcançado, reexprima o seu principal propósito assim:
Estou continuando a realizar...

2. Combata o fracasso com a ação, tomando por base os motivos apresentados por Earl Nightingale para o fracasso das pessoas[84] e exprimindo a sua solução positiva. (A primeira solução é dada por você.)

A. "Ignorância da lei do sucesso."
A lei do sucesso é a realização perseverante de uma meta de valor e difícil, e já tenho a minha.

B. "Incapacidade de se concentrar sobre o que é importante."

C. "Falta de organização."

D. "Parar de aprender."

E. "Perda de confiança em si."

---

[83] Stone and Hill, ibib., págs. 94 e 95.
[84] *Our Changing World* (Nosso Mundo em Mudança), nº 567.

F. “Apego ao *status quo.*”

G. “O hábito é rei.”

H. “Fazer o mínimo possível.”

I. “Nunca se avalie.”

J. “Desista.”

3. Como o gênio é a capacidade de ter um trabalho infinito, cite mais nove detalhes de seu caminho para o sucesso.

Começo todos os dias declarando o meu propósito principal a mim mesmo.

4. A Chave de Ouro é a iniciativa: Que passo você vai dar —AGORA?

Bibliografia

LIVROS

Albert, Dora. *You Are Better Than You Think*. Englewood Cliffs, N.J.: Prentice-Hall, Inc., 1957.

Allen, Mel e Graham, Frank, Jr. *It Takes Heart*. Nova York: Harper, 1959.

The Amplified Bible. Grand Rapids, Mich.: Zondervan Publishing House, 1965.

Baker, Samm Sinclair. *Your Key to Creative Thinking*. Nova York: Harper, 1962.

Battista, O. A. *The Power To Influence People*. Englewood Cliffs, N.J.: Prentice-Hall, Inc., 1959.

Bettger, Frank. *Benjamin Franklin's Secret of Success and What It Did for Me*. Englewood Cliffs, N.J.: Prentice-Hall, Inc., 1960.

——. *How I Multiplied My Income and Happiness in Selling*. Englewood Cliffs, N.J.: Prentice-Hall, Inc., 1954.

——. *How I Raised Myself From Failure to Success in Selling*. Englewood Cliffs, N.J.: Prentice-Hall, Inc., 1958.

Brande, Dorothea. *Wake Up and Live!* Nova York: Pocket Books, Inc., 1939.

Bristol, Claude M. *The Magic of Believing*. Englewood Cliffs, N.J.: Prentice-Hall, Inc., 1957.

Bristol, Claude M. e Sherman, Harold. *TNT: The Power Within You*. Englewood Cliffs, N.J.: Prentice-Hall, Inc., 1954.
Bryant, Al. *1,000 New Illustrations*. Grand Rapids, Mich.: Zondervan Publishing House, 1957.
Carnegie, Dale. *How to Stop Worrying and Start Living*. Nova York: Simon and Schuster, Inc., 1948.
——. *How To Win Friends and Influence People*. Nova York: Simon and Schuster, Inc., 1936.
Carnegie, Dorothy, ed. *Dale Carnegie's Scrapbook*. Nova York: Simon and Schuster, Inc., 1959.
Custer, Dan. *The Miracle of Mind Power*. Englewood Cliffs, N.J.: Prentice-Hall, Inc., 1960.
Davidson, Clinton. *How I Discovered the Secret of Success in the Bible*. Westwood, N.J.: Fleming H. Revell Co., 1961.
Doan, Eleanor. *The Speaker's Sourcebook of 4,000*. Grand Rapids, Mich.: Zondervan Publishing House, 1960.
Edwards, Tryon, ed. *The New Dictionary of Thoughts*. Nova York: Standard Book Company, 1957.
Ely, Virginia, ed. *I Quote* Westwood, N.J.: Fleming H. Revell Co., 1963.
Flesch, Rudolf. *The Book of Unusual Quotations*. Nova York: Harper, 1957.
Gabriel, H. W. *Twenty Steps to Power, Influence, and Control Over People*. Englewood Cliffs, N.J.: Prentice-Hall, Inc., 1962.
Garn, Roy. *The Magic Power of Emotional Appeal*. Englewood Cliffs, N.J.: Prentice-Hall, Inc., 1960.
Germain, Walter M. *The Magic Power of Your Mind*. Ed. rev. Nova York: Hawthorne Books, Inc., 1956.
Giblin, L. T. *How To Have Confidence and Power in Dealing With People*. Englewood Cliffs, N.J.: Prentice-Hall, Inc., 1956.
Giniger, Kenneth S., ed. *The Compact Treasury of Inspiration*. ed. rev. Nova York: Hawthorne Books, Inc., 1964.
Gorman, Mike. *Every Other Bed*. Cleveland: The Worls Publishing Co., 1956.

Haggai, John Edmund. *How To Win Over Worry*. Grand Rapids, Mich.: Zondervan Publishing House, 1959.

Hart, Hornell. *Autoconditioning*. Englewood Cliffs, N.J.: Prentice-Hall, Inc., 1956.

Hegarty, Edward J. *How To Build Job Enthusiasm*. Nova York: McGraw-Hill Book Company, Inc., 1960.

——. *Showmanship in Public Speaking*. Nova York: McGraw-Hill Book Company, Inc., 1952.

Henry, Louis C. *Five Thousand Quotations for All Occasions*. Garden City, N.Y.: Garden City Books, 1956.

Hill, Napoleon. *How To Sell Your Way Through Life*. Cleveland: Ralston Publishing Company, 1958.

——. *The Master-key to Riches*. Los Angeles: Willing Publishing Company, 1945. (*A Chave Mestra das Riquezas*. Rio de Janeiro: Editora Record.)

——. *Think and Grow Rich*. Ed. rev. Greenwich, Conn.: Fawcett Publications, Inc., 1960.

Hovey, E. Paul. *The Treasury for Special Days and Occasions*. Westwood, N.J.: Fleming H. Revell Co., 1961.

Howard, Vernon. *Success Through the Magic of Personal Power*. Englewood Cliffs, N.J.: Prentice-Hall, Inc., 1961.

Laird, Donald A. e Eleanor C. *Tired Feelings and How to Master Them*. Nova York: McGraw-Hill Book Company, Inc., 1960.

Lincoln, James F. *Incentive Management*. Cleveland: Lincoln Electric Company, 1951.

McCay, James T. *The Management of Time*. Englewood Cliffs, N.J.: Prentice-Hall, Inc., 1959.

McFarland, Kenneth. *Eloquence in Public Speaking*. Englewood Cliffs, N.J.: Prentice-Hall, Inc., 1961.

Maltz, Maxwell. *Psyco-cybernetics*. Englewood Cliffs, N.J.: Prentice-Hall, Inc., 1960.

Martin, Clement G. *How To Live To Be A Hundred*. Nova York: Frederick Fell, Inc., 1963.

Milt, H. e Stevenson, G. *Master Your Tensions and Enjoy Living Again*. Englewood Cliffs, N.J.: Prentice-Hall, Inc., 1959.

Murphy, Joseph. *The Power of Your Subconscious Mind.* Englewood Cliffs, N.J.: Prentice-Hall, Inc., 1963. (*O Poder do Subconsciente*. Rio de Janeiro: Editora Record.)

Narramore, Clyde M. *Improving Your Self-Confidence*. Grand Rapids, Mich.: Zondervan Publishing House, 1961.

——— . *This Way to Happiness*. Grand Rapids, Mich.: Zondervan Publishing House, 1958.

Peale, Norman Vincent. *The Power of Positive Thinking*. Englewood Cliffs, N.J.: Prentice-Hall, Inc., 1954.

Price, Eugenia. *What Is God Like?* Grand Rapids, Mich.: Zondervan Publishing House, 1960.

Prochnow, Herbert V. *The Public Speaker's Treasure Chest*. Ed. rev. Nova York: Harper, 1964.

Prochnow, Herbert V. e Herbert V., Jr. *A Dictionary of Wit, Wisdom, and Satire.* Nova York: Harper, 1962.

Roth, Charles B. *My Lifetime Encyclopedia of Selling Ideas*. Englewood Cliffs, N.J.: Prentice-Hall, Inc., 1963.

——— . *Winning Personal Recognition*. Englewood Cliffs, N.J.: Prentice-Hall, Inc., 1954.

Sadhu Mouni. *Concentration*. Nova York: Harper, 1959.

Schindler, John A. *How To Live 365 Days a Year*. Englewood Cliffs, N.J.: Prentice-Hall, Inc., 1955.

Schleh, Edward C. *Successful Executive Action: A Practical Course in Getting Executive Results*. Englewood Cliffs, N.J.: Prentice-Hall, Inc., 1956.

Schwartz, David J. *The Magic of Thinking Big*. Englewood Cliffs, N.J.: Prentice-Hall, Inc., 1959. (*A Mágica de Pensar Grande*. Rio de Janeiro: Editora Record.)

Sherman, Harold. *How To Turn Failure Into Success*. Englewood Cliffs, N.J.: Prentice-Hall, Inc., 1958.

Starch, Daniel. *How To Develop Your Executive Ability*. Nova York: Harper, 1943.

Stone, W. Clement. *The Success System That Never Fails*. Englewood Cliffs, N.J.: Prentice-Hall, Inc., 1962.

Sweetland, Ben. *Grow Rich While You Sleep*. Englewood Cliffs, N.J.: Prentice-Hall, Inc., 1962.

——— . *I Can, The Key to Life's Golden Secrets*. Nova York: Cadillac Publishing Company, 1953.
——— . *I Will!*. Englewood Cliffs, N.J.: Prentice-Hall, Inc., 1959.
Uris, Auren. *How To Be a Successful Leader*. Nova York: McGraw-Hill Book Company, 1953.
Walker, Harold Blake. *Power To Manage Yourself*. Nova York: Harper, 1955.
Whiting, Percy H. *The Five Great Rules of Selling*. Ed. rev. Nova York: McGraw-Hill Book Company, 1957.

DISCOS

Bennet, Millard. *The Power of Inspired Salesmanship*. Waco, Texas: Success Motivations Institute, Inc.
Brown, Ralph R. *The Power Within You*. St. Louis, Mo.: Sales Success Unlimited.
Clasen, George F. *The Richest Man in Babylon*. Waco, Texas: Success Motivation Institute, Inc.
Conklin, Bob. *The Key to Motivation*. Minneapolis, Minn.: Midwest Audio-Visual Company.
Conwell, Russell. *Acres of Diamonds*. Waco, Texas: Success Motivation Institute, Inc.
Kohe, J. Martin. *How To Overcome Discouragement*. Waco, Texas: Success Motivation Institute, Inc.
Leterman, Elmer G. *Personal Powers to Creative Selling*. Waco, Texas: Success Motivation Institute, Inc.
Ling, Mona. *How To Get Appointments by Telephone*. Waco, Texas: Success Motivation Institute, Inc.
Meyer, Paul J. *Who Motivates the Motivator?* Waco, Texas: Success Motivation Institute, Inc.
Nightingale, Earl. *Lead the Field*. Chicago, Nightingale-Conant, Inc.
———. *The Strangest Secret*. St. Louis, Sales Success Unlimited.
———. *The Top Five Percent*. Chicago, Nightingale-Conant, Inc.
Steincrohn, Peter J. *Mr. Executive: Keep Well — Live Longer*. Waco, Texas: Success Motivation Institute, Inc.

Sweetland, Ben. *I Can*. Waco, Texas: Success Motivation Institute, Inc.
Wardlaw, Jack. *Thought Plus Action*. Waco, Texas: Success Motivation Institute, Inc.

Impresso no Brasil pelo
Sistema Cameron da Divisão Gráfica da
DISTRIBUIDORA RECORD DE SERVIÇOS DE IMPRENSA S.A.
Rua Argentina 171 – Rio de Janeiro, RJ – 20921-380 – Tel.: 585-2000